赵宝海………著

松弛感
养育

民主与建设出版社

·北京·

图书在版编目（CIP）数据

松弛感养育/赵宝海著.--北京:民主与建设出
版社,2024.7（2025.5重印）. --ISBN 978-7-5139-4673-5

Ⅰ.G78

中国国家版本馆CIP数据核字第2024Q0H599号

松弛感养育
SONGCHI GAN YANGYU

著　　者	赵宝海	
责任编辑	彭　现	
装帧设计	言　成	
出版发行	民主与建设出版社有限责任公司	
电　　话	（010）59417749　59419778	
社　　址	北京市朝阳区宏泰东街远洋万和南区伍号公馆4层	
邮　　编	100102	
印　　刷	水印书香(唐山)印刷有限公司	
版　　次	2024年7月第1版	
印　　次	2025年5月第2次印刷	
开　　本	670mm × 950mm　1/16	
印　　张	12	
字　　数	105千字	
书　　号	ISBN 978-7-5139-4673-5	
定　　价	46.00元	

注：如有印、装质量问题，请与出版社联系。

对于"松弛感"这个词的理解，每个人都不尽相同。我更赞同网络上的这一释义："其实所谓'松弛感'，就是抛开一切造作，投入自然当中去，让自己获得无论何时都能坦然自若的能力，达成与自我、与周遭的和解。"

这个释义非常贴切，让我想起了曾流行网络的一个"梗"——"不扫兴的××"所引发的话题，比如不扫兴的老师顺应学生的意愿做郊游安排，不扫兴的领导在节前安排福利发放并不作冗长枯燥的发言，等等。其中，"有个不扫兴的父母是种什么体验？"这一话题的热度最高，在网络上数次"霸屏"。父母不扫兴，其实就是拥有松弛感的表现。

在家庭关系中，拥有松弛感的父母会构建轻松愉快的家庭氛围，孩子会更容易获得幸福感。这种幸福感会让孩子变得开朗乐观、自信勇敢。相反，长久生活在压抑的家庭氛围中，孩子会变得敏感自卑。这种影响不仅限于童年时期，甚至伴随着孩子的一生！多少人在成年以后发出感叹，"快乐的人用童年治愈一生，不幸的人用一生治愈童年"。

育儿心理学家表示，稳定且轻松的家庭环境对孩子的心理健康和生理健康都有很大的积极影响。拥有松弛感的父母会给孩子一种温暖、积极、舒适的生活环境，让孩子拥有幸福感、安全感，拥有对抗负面情绪的能量。

那么，拥有松弛感的父母是什么样子呢？拥有松弛感的父母情绪稳定、心态乐观，会营造一种平和、愉悦、松弛的家庭氛围，给孩子满满的爱和接纳。当然，修炼松弛感并非一朝一夕之事，在陪伴和教育孩子的过程中，父母需要不断调整自己的心态，不断提升自己的认知水平和耐性。

本书以引导"父母构建自身松弛感，培养乐观积极的孩子"为出发点，将父母经常遇到的教育问题与心理学知识相结合，为父母提供具体、行之有效的建议及方法。

本书共十章，前儿章从父母易错行为、营造松弛的家庭氛围、正视挫折与失败、快乐沟通、激发学习力、锻炼社交力、管理情绪、自由放养、培养好习惯方面切入，帮助父母走进孩子的内心，助力孩子乐观自信地成长；最后一章则列出了父母在遇到不同心理困境时获得人生自洽的具体方法。

所以，亲爱的父母们，让我们一起努力，以松弛的心态养育乐观的孩子吧！

目录

第一章

缺乏松弛感的父母，
让孩子的世界多了一抹灰色

"鸡娃"父母隐藏着自身的过高期待

经济学上有个幸福公式，幸福＝效用／期望值，说明了一个道理：一个人的期望越高，越不容易满足，越容易失望；期望值适度，才会令人更容易产生满足感。

期待，本质上是一种积极正向的情感，既代表了希望实现的目标，又承载着人们对未来美好生活的期盼与渴望。

父母对子女的期待应该被视为一种正常且合理的需求，但父母对孩子的期待标准要有所把控：我们对孩子的期待目标是否健康、合理，以及哪些期待是不现实的、超出了界限。

这样谈父母对孩子的期待是否合理、健康，可能让部分父母难以理解。同时，这个所谓的"期待标准"是抽象且无法量化的，毕竟每个孩子的实际情况都不相同，不能一概而论。虽然没有绝对的标准，但是父母对孩子的期待是否"越界"依然有可参考的类型。

作为父母，如果你对孩子的期待与以下两种类型相似，那说明你已经"越界"，或者正在朝着"越界"的方向"刻苦努力"着。但对孩子而言，拥有这般"刻苦努力"的父母未必是一件好事，因为父母掌控孩子的力度越大，孩子的自我天性也就被压制得越厉害。让我们来看看这两种类型吧。

① 有改造他人意图的期待

这种期待在亲子关系中具有普遍性，父母的出发点都是"望子成龙，望女成凤"，对孩子抱有上进积极的期望。所以，在日常生活中，这类父母对子女说得最多的就是"我还不是为了你好"。对于有这类期待的父母，希望他们有所觉知，尽量警觉和规避那些带有"改造"意图的期待。

每个人都是独立的个体，这已经成为公众的共识，但父母在面对孩子的时候，往往都带有主观的"控制欲"。当父母抱着高期待，想要改造孩子时，实际情况往往很难令其满意，正如前面提到的幸福公式，只会给自己带来失落和遗憾。

对孩子而言，父母抱有过高的期待，不仅会压制他的创造性，还会让他做事畏首畏尾，习惯听从安排。因此，生活中那些非常"听话"的孩子，多数都是中规中矩，不敢表达自己的意见，甚至完全没有独立思考的能力。

② 将未完成的期待强加给他人

那些总是试图左右孩子意愿的父母，内心可能也存在着对自己的苛责和不接纳。他们常常期望孩子为自己做到某些事情，实际上是在将自身面临的某个难题甩给孩子。比如，父母希望孩子长大"金榜题名"，以弥补自己年轻时的遗憾，等等。同时，这种心理模式是具有"传承性"的，可能源于原生家庭的创伤或某种固有的心理模式。

许多父母都会对孩子说："我是因为爱你，所以才会对你有这么高的期待。"但当我们仔细追问自己的内心后就会发现，绝大多数的"为了孩子"都没有问过孩子是否需要。网上流行过一句话："我没要求你年薪百万，你凭什么要求我考第一？"这是孩子对家长的质问。作为父母，可以反过来想想，还能自我宽慰一下。更何况，父母过高的期待往往会落空，因为孩子不是提线木偶，任何一个正常人都会抗拒成为"他人的工具"。

对于子女的教育，父母不妨通过那些一次次落空的期待，来认识自己为何不愿意直面真实的需求或遗憾，从而实现自我疗愈。深入了解自己以及孩子的真实意愿，或许是比期待被满足更具价值的收获。一位教育家曾说："家庭教育的最佳方式，便是父母的自我成长。"

怯懦、敏感、内向，孩子悲观性格的背后真相

人们常说："三岁看大，七岁看老。"乐观或悲观，开朗或内向，懦弱或勇敢，敏感或沉稳……孩子的性格是否与生俱来？形成悲观性格的真相到底是什么？

2013 年，英国广播公司（BBC）拍摄了纪录片《性格的真相》，主持人迈克尔·莫斯利为了弄清自己的悲观性格与遗传因素之间的关系，来到了伦敦圣托马斯医院采访蒂姆教授。

蒂姆教授经过深入研究发现，基因并非固定不变，遗传因素只决定了性格的 40% ~ 50%。在人类漫长的一生中，基因处于不断变化的状态，随着时间的推移，一些基因被关闭，另外一些基因被激活，而这种变化跟环境和生活方式有关。

除了遗传因素外，我们已经了解到性格还受环境和生活方式的影响。那么，孩子形成悲观性格背后的真相又是什么呢？

迈克尔·莫斯利从米尼教授的实验室找到了自己性格改变的原因。

米尼教授从事"解开基因和人格谜题"这一课题已经十几年了，目的就是找出大脑中控制焦虑的精确区域。

为此，米尼教授进行了多次"大鼠妈妈"的实验。

在实验中，有些母鼠舔舐幼鼠的次数是其他母鼠的 2 ~ 3 倍，这表明这些幼鼠得到了更多的关爱。随着幼鼠的长大，米尼教授发现，那些被母鼠频繁舔舐的幼鼠，攻击性较低，自控力较强，精力更旺盛，更愿意尝试不同的路径，并且更喜爱"社交"。它们的寿命也显著长于其他老鼠。

由此，米尼教授认为母鼠通过舔舐的方式照顾幼鼠，相当于父母对婴儿的爱抚，母鼠与幼鼠之间的身体接触频率与幼鼠的性格发展有关。

有人可能会问："与幼鼠对母鼠舔舐行为的期待相对应的，是人类婴儿对母亲的依恋。这个生物规律适用于人类吗？"米尼教授在研究不同性格的人的大脑时，发现了相似的变化。通过调查回访，他发现，性格开朗的人在童年时大多接受了良好的母体关爱。

因此，温馨的家庭环境，尤其是来自母亲的爱，对孩子在遭受压力冲击时提升心理建设水平有很大帮助——孩子更容易形成健康的压力应对机制，性格也更积极乐观。换言之，一个人在童年时期获得亲密接触越多，就越容易获得安全感，内心更平和，更容易塑造乐观向上的性格。

在《性格的真相》节目中，迈克尔·莫斯利透露了一个细节：在他童年时期，性格乐观开朗的父亲一直出差在外，几乎缺席了他的整个童年。在与性格保守、不善言辞的母亲一起生活的岁月里，他很少得到母亲的爱抚。他非常遗憾地表示，如果在童年得到像"鼠妈妈的舔舐"那样的关爱，可能就会获得更强的抗压能力，就不会像现在这样焦虑重重。

孩子形成悲观性格的具体原因虽不能一概而论，但其背后的真相都指向不和谐的家庭氛围及缺失的父母关爱。为了使孩子形成乐观的性格，我建议父母应多与孩子进行亲昵的互动。

当新生命呱呱坠地之际，父母就应当像培植幼苗一般，给予他们足够的爱和耐心，带给他们温暖，帮助他们茁壮成长。若有人真的信奉"三岁看大，七岁看老"，那也应当是观察父母在孩子三岁之前如何爱护他，在孩子七岁之前如何养育他。

父母 80% 的焦虑感都传染给了孩子

据报道，专家通过对万余名学生的抽样调查发现，有 32% 的中小学生存在明显的焦虑问题。而美国约翰·霍普金斯儿童医疗中心的研究人员曾在《咨询与临床心理学杂志》上发表的一份调查报告指出，当父亲或母亲患有焦虑症时，与他们同住的孩子患焦虑症的风险是普通家庭中孩子的 7 倍。

难道焦虑情绪可以传染吗？

当父母与孩子交流时，他们通过表情、语调、姿势、语言等方式向孩子传递情绪状态，这种传递被称为"情绪传染"。即使我们焦虑时保持沉默和静止，情绪也能通过共鸣影响他人。如果父母长时间处于焦虑状态，孩子可能通过观察他们的行为或听到他们的话语感受到这种焦虑和担忧，进而使自己变得焦虑。

当然，情绪传染是相互的，父母也会受到孩子现有情绪的影响。比如孩子恐高或害怕打针，会影响父母育儿的方式。一旦对孩子的焦虑情绪采取了错误做法，将加深这一问题的严重程度。正确的做法应该是，父母承接和转化孩子的焦虑。焦虑情绪得以处理，孩子就成长了。这是比较"健康"的一种传导方向。

除了非言语的情绪影响，父母通过语言表达出的焦虑也是一个较为普遍的问题，比如带有负面后果的批评，"你这么调皮，老师肯定不喜欢你""除了玩，什么都不会"。

从心理学的角度来讲，"先入为主"的偏见会让人们忽视那些和自身想法不太一致的信息，带着偏见去理解新信息。以前面列举的表达为例，学校变成了一个令人畏惧的地方，老师也变成了严厉的代表。孩子听完妈妈的批评，很难不对学习、学校产生畏惧之心。

很多时候，父母很难觉察自己的焦虑情绪，更不要说意识到自己的情绪对孩子的危害。如果孩子长期处于这种焦虑情绪中，不仅会严重干扰孩子的学习，还会对孩子的身体产生负面影响。比如，孩子的心理压力大、长时间处于焦虑状态，就会导致体内生长激素分泌水平降低，从而影响生长发育。

为了自己和孩子的身心健康，父母应停止自身焦虑以及停止向孩子灌输焦虑。那么，父母在与孩子相处时应注意哪些呢？

①父母应保持稳定的情绪

为了避免孩子"遗传"过多的焦虑特质，父母自身要保持稳定的情绪，尤其是在孩子面前，不要显得太慌张。需要注意的是，因为每个人对情绪的免疫力是不同的，所以父母需要不断地增加自身对负面情绪的调控能力。拥有稳定的情绪是成为松弛感父母的条件之一。本书的最后一章会给出父母调节自我情绪的参考方法，本节就不再赘述。

② 带孩子亲近大自然

利用空闲时间带孩子感受大自然，尤其是 6~12 岁的孩子。这个年龄段的孩子活泼好动，但是又不得不适应学校里的学习环境，因此多一些与自然亲近的机会，非常有利于负面情绪的释放。

③ 语言沟通要注意方式

父母在和孩子沟通的时候，尽量多询问孩子的建议，比如"对于这个问题，你认为怎么办合理一些？""你给我们做一个郊游计划好不好？"。通过这种方式培养孩子的决策能力，提升其掌控感。当孩子遇到问题的时候，应多鼓励和肯定孩子，比如"我相信你能自己完成，因为你上次就做得很好！"。

父母过度的爱护欲，其实是在伤害孩子

孩子是父母的掌上明珠，捧在手里怕掉了，含在嘴里怕化了。因为爱，父母会下意识地担心孩子的一切。但如果父母因太过担忧而事事包办，过分干涉孩子的生活，就会导致孩子面对困难时，第一反应常常是寻求父母帮助。如果因为父母的"勤勉"，导致孩子失去了自理能力，那就与我们的教育目的背道而驰了。

过多保护可能导致"敏感人格"，这会让孩子容易对负面刺激产生强烈的情绪反应，同时缺乏自我调节的能力。

在孩子成长过程中，父母的适度保护是完全必要的，但如果过度保护，对孩子身心发展将造成危害。父母的过度保护会对孩子产生哪些方面的影响？

① 依赖性强，无法独立

父母怕孩子吃苦，将本应孩子自己做的事情大包大揽。孩子缺少

劳动实践，导致独立能力差，形成依赖的习惯。没有实践经验，孩子自信心不足，长此以往，就会更加依赖父母的帮扶，从而影响智力的提升。

② 阻碍自我意识发展

有些父母担心孩子学坏，又害怕孩子被同学欺负、和同学发生冲突等，于是便把孩子留在自己身边，不让他接触其他孩子。孩子们一起玩耍时不发生分歧是很难的，其实，孩子争吵有利于发展儿童的自我意识，以同伴为参照从而更清楚地了解自己，从这个角度来讲，孩子与同伴发生争吵也是有一定积极意义的。当孩子缺失了参照对象，也就缺少了自我意识的形成条件。

③ 承受能力差，易造成孤独

这种危害类似"社恐＋巨婴"的组合。孩子与外界接触少，会形成胆小、怯懦、孤独的性格。正所谓"不经一事，不长一智"，不懂用语言表达自己的需要，不理解别人的语言，不能与人进行正常交往，很容易形成孤僻的性格。

在这里，我给出几点建议，供各位父母借鉴。

◆ 培养孩子坚强的意志力

坚强的意志力是自由独立的关键所在。所谓培养坚强的意志，就是鼓励孩子遇到困难的时候不退缩，自己尝试解决问题。孩子学会不依赖他人，才能凭借自己坚强而勇敢的心前行。

◆ 鼓励孩子多尝试

　　我们即使再强大，也不能陪孩子走完完整的一生。孩子只有凭借自己的努力获得成功，才能有成就感。我们应鼓励孩子去尝试，因为孩子只有尝试了、经历了，才会知道今后怎样独自解决问题。

◆ 教孩子学会自我保护

　　自我保护是孩子成长过程中的必备条件之一。比如，在集体生活中，要让孩子学会和同学和睦相处；与同学发生矛盾的时候，要教会孩子如何去进行有力、合理的反击，而不是只会用"拳头"说话。

总是大吼大叫的父母，难以养出情绪稳定的孩子

在与孩子沟通的过程中，你是否也有过情绪失控？比如："马上就要开学了，作业一点儿都没写！""又把衣服弄这么脏，你知道我为了洗干净它，费了多大功夫？""别磨蹭了，马上就要迟到了，你知不知道？"

对于有些父母而言，吼叫是管教孩子最"省心"的手段，殊不知，这样的手段对孩子的伤害可能影响其一生。研究表明，父母长期情绪暴躁，对孩子责备、打骂，会在情感上强行中断和孩子的联系，孩子会出现不同程度的情感障碍——不自信，甚至自卑、自闭。更可悲的是，孩子会从父母的行为方式中去捕捉信息：父母爱发脾气，孩子必然效仿；父母有暴力倾向，孩子也会用拳头解决问题。

心理学上有一个概念叫"家庭系统中的连锁病态"，意思是家庭中任一成员的混乱或扭曲行为，都有可能引发其他家庭成员的连锁反应。如果父母的情绪状态混乱焦躁，孩子会感觉不到爱，于是就会产

生强烈的焦虑情绪。

对于那些不能很好管理自己情绪的父母，我给出一些具体的建议。

① 将负面情绪倾诉出来

要仔细分辨自己现阶段的情绪是否属于负面情绪，如果属于负面情绪，一定要在回家之前将负面情绪宣泄出去，以免回家朝孩子发泄。当然，能意识到自己的不良情绪是控制情绪的第一步。

② 将心理活动呈现出来

当孩子的行为引起我们的不良情绪时，可以告诉孩子我们此时的心理状态。比如，"孩子，你故意把地板弄脏，我现在挺生气的。因为我还要重新擦一遍，真的挺累的"，等等。这样既能让我们的情绪在叙述过程中平静下来，也能让孩子了解我们的情绪。

③ 转移情绪法

想"发飙"的时候，可以在心里默数 30 秒再开始讲话。如果这段时间仍然不能平复愤怒的情绪，可以去室外透透气，适当调整一下，等情绪稳定后再向孩子诉说。

"扫兴式"父母不光无趣，还很可恶

在子女的教育问题上，父母往往开口就喜欢否定孩子，以防止孩子"翘尾巴"。不管孩子做了什么，常常把"扫兴"当工具，美其名曰"提高孩子的抗挫折能力"和"激励孩子进步"。然而，"煞费苦心"的父母很难把握好所谓的"挫折程度"，很容易把孩子推向"习得性无助"这样的无底洞。

一位心理学家曾通过实验得出这样一条结论：人们在听到贬低型词句时，大脑会释放大量压力激素。孩子大脑发育尚不完善，自我调节能力还很弱，无法快速减少压力激素的分泌。

长时间让压力激素处于高水平的状态，孩子便会陷入持续紧张、焦虑的状态中。"扫兴式"父母的"谆谆教诲"就像一台"压力激素生成器"，让孩子陷入持续紧张的状态。他们完全忽视了孩子的心情，永远不懂适时照顾孩子的心情。

那么，"扫兴式"父母应该如何改善与子女的关系呢？

① 放低姿态，平等对话

放低姿态，并非去讨好、取悦孩子，而是把高姿态拉平，与孩子保持平等的地位。从俯视变为平视，更容易从孩子的视角来理解孩子。在平等对话的条件下，孩子更愿意与你分享他的事情、经历、情绪变化等。

② 不刻意追求完美

父母希望孩子能做到更好，恨不得把自己所有的经验都灌输给孩子，让孩子充分吸收经验。尽管经验教训说了上百次，但父母忘了经验是从何而来。难道不是从实践中得来的吗？孩子在成长的过程中，做事不周全，甚至犯方向性错误，多是因为没有实践。父母不要强求完美，要允许孩子犯错误。父母的容错率越高，孩子的成长越快。

③ 把握好界限感

每个人都是独立的个体，父母不能为孩子代劳一切。父母一定要把握好与孩子之间的界限感，要懂得自己的站位。你是老师，到了考场，你也只能监考，却不能替他考试；你是老鹰，也只能哺育雏鹰，却不能替它翱翔九天。

乐观孩子 vs 悲观孩子：完全活在两个世界

美国社会心理学家费斯廷格曾提出：生活中的 10% 是由发生在你身上的事情构成的，而另外的 90% 则是由你对所发生的事情如何反应决定的。

在区分悲观与乐观的态度时，我们实际上是在观察人们不同的反应。换言之，面对相同的情境，由于个体的认知和信念不同，他们给出的"解释"和采取的行为也会有所不同。为了帮助大家更好地理解这一点，我将提供一个实例进行说明。

假设有两个孩子遇到相同的社交问题：她们的好朋友突然不搭理她们了。因为这件事，两人都感到伤心和难受。

女孩甲心里想：好朋友不再搭理我，必然是因为我不够好。我总是做错事、说话不得体，也没有特殊才艺，这或许就是大家嫌弃我的原因。

女孩乙心里想：我们之间是否存在误会？我是否做了令她不快的事情？我应该找个适当的时机，与她沟通并解释清楚。在此之前，我将先找其他伙伴一起玩耍。

我们不难看出，悲观性格的孩子总是归因于自身，把个体事件全面化，他们往往会将一个人的行为与群体行为等同起来。比如，他们可能会想"我不够好，大家都嫌弃我"（内部归因），从而陷入自责。

那么，是什么导致孩子的乐观或悲观性格的形成呢？

根据育儿心理学家的研究，孩子的乐观或悲观性格的形成可能与以下两个因素有关。

① 与父母对事情的解释风格有关

当孩子向父母寻求帮助时，我们总是会跟孩子"解释"，解释事情的叙事逻辑直接影响孩子对事件的看法。随着时间的推移，孩子耳濡目染，自然习惯于父母的叙事逻辑。

比如，自驾出游，高速上堵车。

妈妈说："每次都这么糟心，没一次是畅快的。"（普遍的、永久性）

爸爸说："我让你们早点出门，就是不听我的（扩大化），懒鬼遇迟到很正常（内部归因）。"

孩子听着父母的吐槽，在语言的不断强化下，学会了父母的叙事逻辑。

② 与父母对孩子的批评态度有关

很多父母总喜欢将小事放大，他们可能会说"这点儿小事都做不好，将来还能干什么"。长此以往，孩子一旦遇到挫折，就会朝负面方向考虑。

如果孩子已经形成了悲观的思维方式，习惯使用"永久性""扩大化""内部归因"来解释具体事情，父母不妨试一试马丁·塞利格曼曾提出的"ABC"解释模式。

A是具体"事件"，是客观存在的，已经发生的。B是"信念"，即你对事情的"解释"。C代表"结果"，即情绪和行为将会发生的后果。

当孩子遇到一件不顺利的事情时，父母可以问他对这个事情的看法。比如，与孩子一直要好的朋友突然对他冷淡了。如果他完全归咎于自身，你可以告诉他"你不能这么苛求自己"，并且举一个你对这个问题的"暂时性"的看法，比如，"你们之间是不是在某件事情上存在分歧"等。孩子因此会回想，比如"可能是他上次约我出去，我没出去""我应该和他当面说清楚"等。这样引导的目的是让他把原因外化而非悲观地自我否定。

我们利用"ABC"解释模式，并非一味给孩子找借口，而是让孩子更有责任感。因为当我们将所有问题揽下来的时候，可以解决的却非常少，而把孩子的性格和问题区别开，我们可以找出解决方法。

第二章

善于营造公平民主的家庭氛围，为孩子培植乐观土壤

家里只有个头大小，没有地位高低

　　一个和谐温馨的家庭，家庭成员之间应该是相互尊重、彼此包容的，没有高低之分。正如教育专家尹建莉所说："面对一个孩子，成年人最大的文明所在就是要站在儿童的角度，努力地理解孩子的所作所为，以孩子乐意接受的方式对孩子的成长进行引导。父母必须把孩子当作一个'人'来平等对待，而不是当作一个'弱小的人'来征服。"

　　父母虽然理解家庭地位对孩子的性格养成意味着什么，但还是难以把握"平等"的尺度。所谓平等，即不能处处顺从孩子，让孩子高高在上，也不能强行限制和管教，把孩子置于控制之下。若是父母毫无底线地满足和纵容孩子，孩子的心智发展将趋于落后。长此以往，孩子不仅不会尊重父母，还会养成唯我独尊、任性妄为、嚣张跋扈的性格。如果把孩子的位置压得太低，让孩子在压制下顺从，这无异于向孩子灌输"恃强凌弱"的思想：自己被剥夺了话语权和自主权，是因为自己太弱小。

那么，如何掌握这个尺度呢？不妨借鉴西方的育儿经验。在西方国家，很多父母认为，平等并不意味着完全一致。平等，指的是尽管人们在能力和性格上有差异，却享有平等的权利，并受到相同的尊重。

一位法国母亲带着两个儿子自驾游。在路上，妈妈一直与坐在副驾驶的大儿子交流。突然，她发现坐在后排的小儿子用脚不断踢她的车椅后背。妈妈转过头来问小儿子怎么了。

小儿子说："你俩一直说个不停，为什么不搭理我呢？"

妈妈连忙道歉："哦，我亲爱的儿子，非常抱歉，在下一个目的地，你哥哥要与网友见面，所以妈妈就多提醒他几句。好了，我已经嘱咐好你哥哥了，告诉妈妈你想说些什么？"

"妈妈，我想知道到下一个目的地还有多长时间。"

"大概还有 40 分钟。"

"好的，我知道了。妈妈，我们过会儿吃什么？"

"儿子，你想吃什么呢？听说下一个目的地有特色的烤鸡噢！"

"嗯，让我想想。我要一个烤鸡的鸡腿，再来一杯果汁，再来一个三明治。"

"好的。到了目的地，我们就去买。"

"好的。谢谢妈妈。"

父母应当将孩子视为独立的个体，并在相互尊重的基础上，提供给孩子平等的对话机会。只有这样，孩子才能将父母的话听进心里。父母要尊重孩子，给予他们选择权和积极正确的指导。如此，孩子通常会养成积极开朗、独立自主、善于交往的性格品质。不过，父母在建立公平、民主的家庭氛围中，还需要注意以下几点。

① 注重倾听孩子的想法

孩子和我们的地位是平等的，我们不应仅仅把他们当成孩子来对待，他们的想法我们应该去倾听、去理解。亲子之间的沟通问题大多源自孩子的心理需求未能得到父母的关注，所以父母要努力理解孩子言语背后的感受和心理需求。

② 委婉地建议孩子怎样做

我们在被别人用强硬的态度命令时，内心都会产生一种排斥的心理，想和他对着干。孩子面对这种情况也不例外。这时，我们可以尝试用一种委婉的表达方式告诉孩子怎样做才是对的，毕竟请求总是令人难以拒绝的。比如，我们可以说："我给你提一个建议，你看看合不合适？"

③ 不搞"一言堂"

孩子在大人面前总没有平等对话的机会，被动地接受父母的管束，有话不能说，有意见不敢提。久而久之，他们不敢也不愿与父母交流自己的想法，势必会造成亲子沟通障碍，甚至引发家庭矛盾。

家庭会议上，孩子既要参加也要发言

定期举行家庭会议是营造公平、民主家庭氛围的重要方式之一。不少家庭都有举行家庭会议的习惯，比如寒暑假出游计划的安排、房屋装修布置等，都会进行一番热烈的讨论。孩子作为家庭成员的一分子，父母应充分给予其参加及发言的机会。

我之所以强调孩子既要参加也要发言，是因为在子女教育上，经常出现这样的场景：父母为了纠正孩子成长过程中的行为偏差，经常使用批评和指责的语言；家庭成员教育观念不一，各说各话，不能起到教育孩子的目的，只会让家庭矛盾升级。然而，定期举行家庭会议不仅可以给家庭成员提供相互沟通的机会，让他们在情感流动中学会合作与关心，而且可以让双方学会尊重与妥协，关注解决问题，而不是发泄情绪。

在家庭会议上，孩子可以发表自己的见解，这样不仅可以激发他们的创造力，而且会让孩子有一种被尊重的感觉，是对孩子自我价值的肯定，有助于孩子提高自信心。你会发现，孩子从原来害怕开会、不敢说话，变得期待开会、敢于表达自己的想法。

家庭会议还能让父母和孩子的关系更亲密。通过开会，父母能更直观地了解孩子的近况，从而更好地去引导孩子。当然，父母要起到带头作用，制订一些合理的规则，约束孩子的行为，同时也要发现孩子的特长，帮助他们全面发展。

家庭会议最好有个固定时间，每周开一次就可以。这样，父母和孩子既能及时总结一周的情况，也不会觉得太频繁。如果父母因为工作原因不能到现场，也可以开线上家庭会议。

家庭会议的内容和流程不用拘泥于一种形式，每个家庭都可以根据自家情况来调整。如果你们还没找到合适的方式，那我给大家分享一个常见的流程，希望能给你们一些启发。

首先，开会前，我们需要有个主题，这样大家就能针对这个主题来分享自己的看法。比如，讨论孩子的学习情况，或者家庭出游的计划。

其次，大家可以谈谈这周遇到的难题，一起探讨如何解决。比如，孩子作业多、压力大，或者家里水管漏水，都可以拿出来讨论。

再次，我们可以分享这周的喜悦。比如，孩子在学校得了奖，或者家里来了新朋友，都可以分享出来，让大家都感到愉快。

最后，我们还可以确定这周的家务分工、亲子活动，以及下周的会议主题。比如，本周可以安排爸爸负责洗碗，妈妈带孩子去公园玩，下周讨论家庭预算或者孩子的兴趣班问题。

当然，举行家庭会议还有一些注意事项：第一，开会的环境需要既轻松又有仪式感。第二，父母需要营造轻松愉快的氛围，让孩子愿意参与进来。这样，孩子不仅能意识到自己承担的家庭责任，还会觉得这件事挺有趣。千万别把家庭会议弄成孩子的批斗会，否则会适得其反。第三，开会时，无论是谁都不能看电视、玩手机，要专心投入，这是对家中每个成员的尊重。

我最后要说的是，家庭会议是个使家庭氛围融洽的好形式，能提升孩子的表达能力、解决问题能力和沟通协作能力；更重要的是，孩子能在和谐的家庭氛围里感受到无条件的爱与支持，这对他们的成长特别有利。所以，定期开家庭会议这个办法真的值得一试。

参与家务劳动，让孩子获得家庭归属感

在我所了解的不少家庭中，一切与家务劳动有关的事情，无论事大事小，通常是由父母做决定或直接解决问题，孩子直接被排除在外。有些父母担心孩子受伤，有些父母觉得孩子干得太慢，种种原因汇成一句话："别添乱，自己玩去吧！"

我们做一个假设，当一个孩子想要积极主动承担家务的时候，父母却百般推诿，那么孩子会产生什么样的想法呢？

"我不被需要。"

"妈妈也许没那么喜欢我，都不让我帮忙。"

"他们根本不重视我！"

"没人相信我能做到。"

"我和他们之间好像隔着点什么。"

有的父母有疑问："孩子为什么那么喜欢'干活'呢？"其实，他们是想通过和父母做一样的事情，让父母知道他们长大了，从而获

得成就感和自信心。这是孩子内心变强大的基础。

我为什么鼓励孩子参与家务劳动呢？除了帮助孩子获得自信，还有一点也很重要，就是通过参与家务劳动，让孩子获得家庭归属感。

对于孩子来说，归属感非常重要，他们需要感受到自己是家庭的一部分，是被父母所爱和接受的。这样，他们才能安心地学习、玩耍，健康地成长。

当然，参与家务劳动还能培养孩子的生活技能，增强孩子的责任感和独立性。苏联著名教育实践家和教育理论家苏霍姆林斯基有一句名言："不要把孩子保护起来而不让他们劳动，不要怕孩子的双手会磨出硬茧。要让孩子知道，面包来之不易。这种劳动对孩子来说是真正的欢乐。通过劳动，不仅可以认识世界，而且可以更好地了解自己。"

下面是我给父母们的一些为孩子安排家务的具体建议，供大家参考。

① 根据年龄分配家务

父母要根据孩子的年龄和能力，为他们分配适合的家务任务。从简单易做的任务开始，逐步增加难度，让孩子在完成任务时有成就感。

② 详细指导与演示

父母应花时间详细指导孩子如何正确完成家务，并亲自演示正确的操作方法。这种详细的指导和演示，能够让孩子更好地理解家务的要求和标准。

③ 制订家务清单和日程

父母与孩子一起制订每周或每月的家务计划，明确每个人的任务和完成时间。这样，孩子能够清楚地知道自己的任务和时间安排。

④ 鼓励竞争与合作

父母要鼓励孩子与自己竞争，设定合理的完成时间，以提高效率。同时，父母还要强调全家人一起合作做家务，让孩子感受到自己是家庭中的重要一员。

⑤ 避免将做家务作为惩罚

做家务是每个家庭成员的责任和义务，而不是对孩子的惩罚。因此，父母要以积极和正面的方式引导孩子参与家务劳动。

⑥ 适当奖励

在孩子完成家务劳动后，父母应适当地给予孩子奖励，以鼓励他们的努力和成果。这些奖励可以是有趣的活动、小礼物等，但应避免金钱的奖励，这样会让孩子以获得金钱为劳动动机，从而失去了做家务的真正意义，也与让孩子获得家庭归属感的初心背道而驰。

陪孩子长大，而不是教孩子长大

孩子在成长过程中，最需要的就是父母的陪伴。陪伴，不仅让孩子拥有足够的归属感和存在感，还会在他长大的过程中化为实实在在的爱，让孩子更好地热爱生活。

随着孩子的长大，有些父母发现，自己明明已经花了大量的时间和精力去"陪伴"孩子，可是孩子依然没有变得如想象中的那么好，这是为什么呢？

讲一个发生在我身边的故事，有心的父母可能会发现其中的原因。

一天，爸爸妈妈带着孩子去游乐园玩，孩子玩得非常开心。这时，妈妈突然问他："好玩吗？"孩子说："好玩。"但妈妈接着说："那你可以写一篇精彩的作文了吧？"孩子一听这话，马上就说："妈妈，我不玩了。"

夫妻俩一听，都愣住了，没想到陪孩子到游乐园玩，最后竟会变成这样。

在这个故事中，父母存在的问题是，陪伴孩子的时候总想着指导孩子学习，改变、纠正孩子，一直唠叨个不停。这样做反而会让孩子离父母越来越远。还有一些父母觉得，只要和孩子待在一起，就是在陪孩子了。殊不知，孩子需要的是高质量的陪伴。

那如何做才是高质量的陪伴呢？

对于亲子关系来说，高质量的陪伴就是与孩子进行基于高度关注的相处和互动。父母想要实现高质量陪伴，不妨参考以下这几点建议。

① 做到全身心投入

在陪伴孩子时，父母需要确保"人在，心也在"。这意味着父母要放下家务、手机等，全心全意地与孩子互动。同时，父母需要放下"架子"，成为孩子的玩伴、朋友，或将自己变成亲子活动的参与者、合作者、支持者。

② 尊重孩子的意愿

高质量的陪伴应以孩子为中心，尊重他们的兴趣和意愿。父母需要学会观察孩子，了解他们的感受和需求，然后按照孩子的步调去观察、探索。

③ 对孩子进行人格熏陶

通过日常生活中父母对孩子的点滴鼓励，帮助孩子建立自信，培养友善的品质。父母在与孩子的互动中要以身作则，为他们树立榜样，如使用敬语、分享食物等。

④ 为孩子提供身心健康成长的环境

父母要为孩子提供身心健康成长的环境，首先要营造温暖、和谐的家庭氛围。孩子的情绪很容易受到环境的影响，良好的家庭环境有利于孩子的情绪稳定、智力水平的提高。其次，父母应给予孩子更多的尊重、理解和关爱。在爱中长大的孩子，对爱的理解更为深刻，更懂得如何爱别人、爱这个世界。

生活多点仪式感，让孩子拥有幸福感

以前，我总觉得仪式感就是做些繁复而华丽的事务，只是形式而已，没有太多实际用途。但随着经历的增长，特别是有了女儿之后，我才慢慢发现，仪式感对于家庭是非常重要的，它能让家庭生活更加丰富多彩。

仪式感是什么？在法国童话《小王子》中，小狐狸这样跟小王子解释："仪式感就是使某一天与其他日子不同，使某一时刻与其他时刻不同。"

大家或许与我有相似的经历：小时候，每次开学拿到新课本都特别激动。我会小心翼翼地给书包上封皮，有时候爸爸妈妈还会帮我设计漂亮的封皮。那时候我觉得，包书皮不只是为了保护书本不被弄破，更像是新学期开始的仪式，感觉从那一刻开始，就要端正态度好好学习了。

宛瑜在实习期间表现得很好，现在公司要给她转正了。签合同的那天，她的父母特地从外地赶来为她庆祝。

有人开玩笑地对宛瑜说："你这上班搞得挺有仪式感的！"

宛瑜有点儿害羞地说："可能你们觉得这份工作很普通，但对我爸妈来说，这是我自己找到的第一份工作，意味着我可以自己赚钱生活了。他们觉得这是非常值得骄傲的事情。他们用这种庆祝的方式告诉我，我已经是个独立的成年人了！"

我们后来了解到，宛瑜家有很多这样的"仪式"。他们每年都会拍一张全家福，过生日的时候要送礼物和写卡片，爸妈的结婚纪念日也一定会庆祝，每年全家人都会一起出去旅行一次。

宛瑜说，她小时候也觉得这些"仪式"很麻烦，觉得没什么用。但现在她长大了，才发现正是这些"仪式"让她记住了很多美好的时刻，也让家人之间的关系更加亲密。

心理学上有个"锚定效应"的概念，简单来说，是指某个特定的行为或表情与内心的某种情感之间产生的联系。这种现象类似于条件反射：当我们遇到特定事物时，便会想起与之相关的情感。比如，孩子第一天上学，父母为他们拍摄纪念照。这个行为看似普通，但对孩子而言，可能意味着他受到重视和爱护。这样的联系有助于孩子更好地感知幸福，并学会如何表达爱。

因此，一些简单的小仪式或行为都能对我们的情感产生很大的影响。所以，父母不妨给孩子多一些仪式感，以下是给父母们的一些具体建议。

① 每天拥抱一下

拥抱可以让孩子感受到父母的爱和关心。无论孩子开心还是不开心，父母都可以给他一个拥抱，这能让他感知到自己是被爱的。

② 拍照留念

父母可以通过给孩子拍照片，记录他的成长过程，如第一次剪头发、第一次露营、每年的生日等。这些照片可以让孩子充分感受到父母对他的关爱，也可以让他体会到亲情的可贵。

③ 设立"家庭邮递站"

父母和孩子可以写信并投递到各自的"邮筒"里。这是一种特别的沟通方式。父母和孩子可以畅所欲言，分享彼此的想法和感受。这有助于解决家庭矛盾，也可以让孩子在成长过程中及时得到支持和帮助，让孩子与父母的心更加紧密地联系在一起。

不要拿孩子开玩笑，也不要取笑孩子

有些父母喜欢拿孩子开玩笑，特别是当孩子出糗的时候，他们不但不安慰孩子，反而会笑得很开心。这些父母可能觉得这只是他们的一种表现方式，不会对孩子造成什么影响。

但实际上，每个孩子都会对自己有一个整体的认知和评价。这种认知和评价通常是由父母如何看待孩子来决定的。如果父母经常拿孩子开玩笑，孩子可能会认为这就是真实的自己，从而对自己产生误解，甚至失去自信心。

父母可能觉得开个小玩笑没什么，但对孩子来说，这些玩笑可能会带来深深的伤害。想象一下，孩子正满心欢喜地唱歌跳舞，想得到父母的赞美，结果却听到父母说他唱歌跑调、动作像猴子，这会让孩子多么失望和难过。再或者，孩子因为肤色或体形被父母取笑为"李逵"或"猪猪侠"，他们可能会觉得自己在父母眼中是不被喜欢的。这种情绪会深深影响他们的自我认知。尤其是青春期这一特别敏感的时期，孩子们开始更深入地思考自我，寻求他人的认同，特别是父母的认同。如果连最亲近的父母都在取笑他，他可能会陷入深深的自卑和迷茫中，甚至开始怀疑自己的价值。

有位美国教育家说："永远不要取笑孩子，因为这可能会让孩子变得无礼、粗暴、心理扭曲。"所以，我们应该用鼓励和平和的方式与孩子交流，帮助他建立健康的自我认知，让他知道自己是独特的、有价值的。

我们的目标是培养出身心健康的孩子，这意味着我们不仅要关心他的身体健康，更要关心他的心理健康。在日常生活中，父母应该尊重孩子的每一种感受、每一个兴趣，即使有时候他的话语或行为看起来有点儿奇怪或幼稚。

尊重孩子，不仅是父母对孩子的一种态度，更是父母自身素质和修养的体现。当别人取笑孩子时，父母应该勇敢地站出来保护他，让孩子知道他是被爱、被尊重的。这样，孩子才会更加信任和依赖父母，也才会更加尊重和爱护自己。

穷养、富养，都不如爱的滋养

　　绝大多数父母不辞辛劳地工作，都旨在为孩子创造一个优越的生活环境。他们深信，通过提供优越的物质条件，可以充分表达对孩子的关爱。然而，对于子女的养育观，人们的看法不尽相同。有人主张"穷养儿子，富养女儿"，认为在物质上适度限制，有助于锻炼儿子的心智，培养坚忍不拔的品质和独立解决问题的能力；而给予女儿更为优裕的成长环境，能够使她更好地享受生活，拥有优雅的气质和开阔的视野。

　　然而，关于富养与穷养的讨论，亦不乏争议之声。有人认为，富养可能导致孩子被溺爱娇惯，缺乏独立性和责任感；而穷养则可能给孩子带来严重的匮乏感，影响孩子的自信心和心理健康。

　　如果一个家庭非常富裕，但是父母为了让孩子体验生活的艰辛，故意采取经济紧缩的方式教育孩子，这并不是明智的选择，因为孩子通常对家庭的经济状况有一定的认识。父母在金钱上对孩子表现出过度的吝啬，可能会伤害到孩子的自尊心，也可能导致孩子产生心理问题，或者在极端情况下，还会引发心理障碍。相反，如果家庭实际上并不富裕，却竭力掩饰经济状况，试图以超出实际能力的方式养育孩子，可能会使孩子在成长过程中更加厌恶贫穷，甚至产生强烈的不满情绪。

简而言之，无论是贫穷还是富裕，这并非孩子教育的关键因素。关键的是，孩子能够感受到父母的爱，并且形成正确的人生观和价值观。

孩子在心里都期待着被关爱和接纳，父母无条件、全心全意的爱与关怀，让孩子感到被保护和被珍惜。这样的爱让孩子更加确信自己的价值和独特性，他们也因此充满了安全感。

与那些缺少关爱的孩子相比，被父母深爱的孩子更加自信，面对困难时也能从容不迫，他们更有可能取得更高的成就，因为他们知道自己有一个坚实的后盾。当然，这些孩子也会犯错误，也会遭遇失败。但因为他们知道父母的爱是无条件的，所以他们能够坦然面对这些挫折，知道一切问题最终都会得到解决。

无论是穷养还是富养，最重要的是给予孩子爱的滋养。真正的爱，是无条件的接纳，接纳孩子的平凡，接纳他们身上所有的优点和缺点。这是作为父母一生的修行，也是给孩子最好的礼物。

第三章

坦然面对挫折与失败，
给孩子披上乐观的盔甲

收起"玻璃心"，让孩子敢于经历风雨

父母都非常疼爱自己的孩子，都希望他们能在父母的支持和爱护下健康、快乐地成长。但是，当孩子在外面遇到不公平对待时，有些父母的"玻璃心"可能就受不了，担心孩子会吃苦受罪，所以往往会帮孩子"摆平"困难。虽然我们现在可以为孩子解决很多事情，但是当他们长大后，我们还能一直为他们解决所有问题吗？

一个夜晚，我坐在小区花园的长椅上，看到一个三岁左右的小女孩正在奋力追赶着两个年龄稍大的男孩。

小女孩跑得气喘吁吁，嘴里不停地喊着："哥哥，等等我！"但那两个男孩就像没听见似的继续奔跑，逐渐消失在视线之外。小女孩并没有放弃，她继续追赶，眼中充满了坚定和期待。

过了一会儿，我注意到长椅后面有两个小男孩在窃窃私语，正是刚才跑掉的那两个。他们似乎在躲避着什么，这引起了我的好奇心。就在这时，小女孩拿着一根大木棒跑了回来，显然，她并没有放弃寻找她的玩伴。

小女孩的妈妈一直在旁边看着她，手里拿着一本书。当小女孩跑过来时，妈妈温柔地叫住了她："妮妮，先过来喝口水。"小女孩顺从地喝了水，然后再次朝着男孩们消失的方向跑去。

看到这一幕，我不禁向旁边的女士问道："那是你女儿吗？"她抬起头，微笑着点头确认。我困惑地问她："你为什么不叫住她，让她别再追了？"她看着我，眼中闪过一丝坚定："她想和他们玩，但他们嫌她小，不想和她玩。我认为让她去尝试面对挫折，对她来说是一种成长。"

印第安纳大学的心理学家克里斯·梅诺曾说："当孩子没有足够的空间来独自面对问题时，他们就无法学会解决问题。"每个人都会经历快乐的时光，但同样也会遇到困难和痛苦：小时候可能是跌倒、和小朋友吵架，长大后可能是工作和人际关系上的挑战。如果父母有意识地让孩子承受一些心理承受范围内的磨难，并不是不爱他，而是想让他更坚强、更独立。每个挫折都是孩子成长路上的垫脚石。

那么，"玻璃心"的父母应该怎么做呢？

① 尊重孩子的成长规律，不要急着催他长大

每个孩子都有自己的成长节奏，父母不要用大人的标准去要求

他，给他时间和空间，让他自然地成长。

② 每个孩子都是独一无二的，不要盲从

父母不要盲目跟从孩子的行为，也不要总是拿他和其他孩子比较。重要的是，父母要帮助他发现自己的优点和特长，鼓励他成为最好的自己。

③ 尊重孩子，别用对待小动物的方式来"教育"他

孩子不是小动物，他们有自己的思想和情感。父母应该用爱和接纳来对待孩子，让他感受到自己的价值，感受到自己是被尊重的。

当父母真正做到这三点时，孩子内心的焦虑和恐惧就会减少很多。我们会发现，原本我们眼中孩子的很多问题其实都不是问题，而那些我们没当成问题的问题，最后也确实没出现，或者很快就解决了。

教会孩子不为失败找借口

为人父母，都希望自家的小宝贝是个说话算数、敢作敢当的好孩子。但你知道吗？当孩子长到七八岁时，他就开始有了自己的想法，变得不那么听话了。这个年龄段的孩子犯了错，可能会因为怕被父母批评，而找各种理由来掩饰自己的过错，不想承担责任。

父母如果不及时引导，总是让孩子用借口逃避责任，久而久之，孩子就可能养成一种习惯：不管遇到什么问题，都喜欢找外部原因，而不是从自己身上找原因。这样的孩子长大后可能一遇到困难就退缩，不愿意努力解决问题，还可能会变得傲慢自大，觉得自己总是对的，别人都是错的。

为了让大家能清楚这个道理，我分享几种情况。

父母："你这次考试怎么退步这么多？"

孩子："试卷太难了，不只我一个人没考好，还有同学比我更差呢。"

父母："你为什么上课不认真听讲，还跟同学聊天？"

孩子："又不是只有我一个人在说话，我同桌也说了，为什么老师只批评我？"

……

这些情况，估计很多父母都经历过。父母觉得孩子是在找借口，但孩子不仅觉得自己没错，还会觉得父母对自己有偏见。

其实，这是一种名为"责任分散效应"的心理现象导致的。所谓的"责任分散效应"，就是当很多人在一起时，每个人可能会觉得自己的责任减轻了，因为他认为"别人也在这样做"。

所以，当孩子做错事时，父母要让孩子明白，不要找借口，要先看看自己有没有错。这样，孩子才能真正成长。

作为父母，我们一定要培养孩子的责任感和勇于承担的勇气，纠正孩子爱找借口的不良习惯。那么，父母该如何帮孩子改掉爱找借口的坏习惯呢？

①让孩子明白，犯错要自己承担后果

父母要让孩子知道，不要总说"因为老师""因为同学"，得先想想自己为什么没做好。父母要从小事做起，让孩子知道，有担当的人不会找借口。当然，父母也要允许孩子犯错，并给他们改正的机会。

② 孩子失败了，别急着给他找借口

借口只会让孩子逃避问题，不敢面对失败。父母要让孩子知道失败不可怕，真正要学的是如何从失败中站起来，找到成功的路。

③ 教孩子明辨是非

父母既可以利用生活中发生的事情，也可以创设一些情境，教导孩子明辨是非。比如玩游戏时，你故意犯错，让孩子来纠正你。孩子通过亲身体验能更好地学会评价、批评，并且明白犯错要承担后果。

④ 不要光说不练

比起给孩子讲道理，父母以身作则更能规范孩子的行为。孩子犯错误，父母可以和他一起制订改正计划，一步步引导孩子改正，进而帮助孩子建立正确的是非观。

与别人比，不如与自己比

中国青年报社和问卷网一起做了个调查，针对"会不会把自己的孩子和别的孩子比"的问题访问了 2009 位父母。结果发现，83.4%的父母都曾这样做过。

我相信，父母这样做的主观愿望是通过比较来激励孩子，让他向更优秀的孩子学习，发奋努力，不断进步。其实，适当的比较可以激发孩子的上进心，但是如果父母经常将孩子与其他人比较，孩子就会很容易产生自卑感，觉得自己不如其他孩子。

美国心理学家苏珊·福沃德博士在《中毒的父母》中写道："没有一个孩子愿意承认自己比别人差，他们希望得到成人的肯定，他们对自己的认识也往往来源于成人的评价。经常遭受父母打击的人，常常容易自卑，并且会陷入自我怀疑和自我否定的情绪中无法自拔，严重时还会患上心理疾病，导致许多极端行为。"所以，如果经常拿孩子比来比去，就是对孩子的打击和否定。

其实，真正要与孩子比较的，不是别的孩子，而是孩子自己。孩子还小，他不知道怎么去分析自己的进步和需要改进的地方。这时候，作为父母，我们要引导孩子认识自己、了解自己，找到自己的优点和不足。每当孩子战胜了自己的不足，都是一次大胜利。这样，他才能更好地超越自己，成为更加优秀的人。

父母如何引导孩子与自己比较呢？以考试成绩为例，可以归纳为以下几点。

① 选择对比内容

选择最近两次的考试成绩进行对比，分析科目间的升降趋势以及知识点的掌握情况。

② 适度表扬

语言适度：表扬时要真诚、恰当，不夸大其词，可结合孩子的真实表现制订小目标。

行为适度：通过互动行为，如拉拉钩、碰碰拳等，增加孩子的愉悦感和信任感。

物质适度：奖励要有度，避免过分物质化。

③ 纠正错误

针对考不好的科目，陪孩子找出错误原因，查漏补缺，并记录改正过程，鼓励其持续进步。

需要父母注意的是，别只盯着孩子的成绩看，那样不仅会让大家变得只看重表面的东西，还可能会让孩子和父母因此而产生虚荣心。为了帮助孩子成为更好的自己，父母应该多关注孩子的性格、行为、特长、兴趣、健康、梦想、价值观等各个方面。父母要细心观察，公正地评价孩子，不夸大优点，也不放大不足。这样，孩子才能发挥出自己的独特潜力，成为真正的自己。

输得起，才能赢得漂亮

孩子们在成长过程中会参加很多比赛活动，有赢有输，这是很正常的。但有的孩子在赢了比赛后就特别高兴，输了却很难接受，甚至不承认"输"这个结果。这种"输不起"的心态，对他们的成长并无益处。

所以，父母应该教会孩子如何正确看待输赢，要让孩子明白，失败并不可怕，重要的是从失败中学习和成长。有时候，学会接受失败，甚至比学会如何成功更重要。

一天，同事带着他的女儿兰兰来我家做客。两个孩子一见如故，又同是围棋爱好者，就想要一较高下，于是便下起了围棋。我和兰兰的爸爸则坐在一旁聊天。

棋局一开始，两个孩子都全力以赴，可以说是势均力敌。然而，当兰兰连续失去三子时，她开始变得焦虑起来。她急忙挡住迪迪捡棋的手，声称自己刚才没有想好，要求悔棋。迪迪虽然有些犹豫，但还是大度地接受了。然而，没过多久，兰兰再次要求悔棋，迪迪这次坚决拒绝了。她认真地说："围棋老师说过，一旦棋子放在棋盘上，就不能再动了，否则就是犯规。"

被拒绝的兰兰非常沮丧，棋盘上的气氛也变得紧张起来。最后，当棋盘上大部分地方都被迪迪的棋子占据时，兰兰拿着一颗黑棋，眉头紧锁，显然她已经无处可逃了。于是，在情绪失控之下，她愤怒地将手中的棋子砸向棋盘，将原本井然有序的黑白棋子打得乱七八糟。

从儿童心理学的角度来讲，孩子"输不起"其实是内心希望做到最好、得到认可的正常反应。但因为年纪小，他还不清楚自己的优点和缺点，所以在某些事情上不如别人时，他就会感到不开心。

孩子的未来会面对很多的挫折和挑战，如果太看重输赢，他的价值观就会扭曲，他就会为了赢而不择手段。那么，父母应该怎样培养孩子正确的输赢观呢？

①心态要放平

父母要明白，输赢不是最重要的。如果父母太看重输赢，孩子一输就批评他，他就会跟着紧张，害怕失败。父母应该告诉孩子，失败是成长的一部分，要勇敢面对。

② 言语和行动要到位

父母不仅要嘴上说，还要身体力行。比如，父母自己尝试新东西失败了，可以告诉孩子："这次虽然没成功，但我学到了经验，下次一定能做得更好。"这样，孩子就知道失败不是终点，还有机会成功。

③ 理解孩子的情绪

孩子受挫时，父母要理解他的感受，适时地安慰孩子。等孩子情绪稳定后，父母再跟他讲，失败不是丢人的事，而是进步的机会，告诉他怎么做才能在下次做得更好，激发他的上进心和自信心。

④ 让孩子体验失败

有的父母为了让孩子高兴，在一起玩游戏时总是故意输给他们，但这样，孩子永远学不会怎么面对失败。父母应该让孩子经历失败，并在失败中找方法，让他明白不放弃才是真正的赢。

⑤ 教孩子解决问题的方法

失败可能会让孩子灰心，但父母可以帮他分析原因，总结经验，重建自信，争取让他在下次挑战中做得更好。这样，孩子不仅能学会怎么面对失败，还能不断提升自己的能力。

失败很难过，一起大声喊出来

很多孩子在玩游戏或者学习时，一旦失败了，情绪就会变得特别激动，生气、烦躁，甚至摔东西。有的父母看到孩子这样，就会立刻压制他的情绪，但效果往往不好。

其实，孩子会有这样的情绪表现是很正常的。作为父母，我们不能一味地压制孩子的情绪，应该教他们如何正确地面对、管理和控制失败后的情绪。

奥地利心理学家、精神分析学派创始人弗洛伊德认为，情绪宣泄对维护心理健康具有重要价值。就像你有时候生气或者难过，说出来或者哭一场就会觉得舒服很多。所以，对孩子们来说，把负面的情绪"喊"出来，可以帮助他们释放压力，这对他们的心理健康很重要。

小时候，李刚是个爱哭的孩子，但每次他流泪的时候，妈妈总是会用一种严厉的口气对他说："把你的眼泪收回去，再跟我好好说话。"如果李刚的情绪无法控制，妈妈就会拿起扫把，指着他说："我数到 3，你要是还不停，看我揍不揍你。"这个威胁总是让李刚立刻止住哭泣，妈妈才满意地走开。

随着时间的推移，李刚哭闹的次数越来越少，他不再轻易发脾气。面对母亲的要求，即使内心不愿意，他也会默默地答应。在大家眼中，李刚成了一个温和、听话、有教养的好孩子。

然而，这种乖巧的背后隐藏着李刚内心深处痛苦的挣扎，他不再敢表达自己的不满和伤心，害怕引起别人的不满和责备。他努力地压抑自己的情绪，让自己看起来是个听话懂事的孩子。

直到 13 岁那年，李刚的抑郁症状终于爆发了出来。他变得沉默寡言，常常独自一人发呆，对学习和生活都失去了兴趣。父母这才意识到，原来他一直在默默地忍受着内心的痛苦和挣扎。

当孩子遇到失败和挫折后情绪低落、发脾气或者沮丧时，父母可以试试以下方法。

① 让孩子大声喊出来

当父母发现孩子情绪低落时，可以问问孩子："怎么了？有什么不开心的事吗？跟我说说吧。"让孩子把心里的感受和事情说出来，这样他心里会好受一些，也能让他学会表达自己的情绪。同时，父母也能更好地理解孩子的感受，给他们一些安慰和支持。

② 让孩子的情绪"拐弯"

小孩子的好奇心很强，容易被新奇的东西吸引。所以，当孩子情绪低落时，父母可以带他去做一些有趣的事情，比如玩游戏、看动画片等，让他忘记不开心的事情。

③ 让孩子哭出来

如果孩子真的很伤心，那就让他哭一会儿吧。哭也是释放情绪的一种方式。等孩子哭完，情绪自然会好一些。不过，父母要记得安慰孩子，让他知道有人在关心他。

④ 告诉孩子失败并不可怕

当孩子遭受失败和挫折时，父母要告诉孩子，失败并不是坏事，它可以让我们学到很多东西，帮助我们提高解决问题的能力，这样以后才能更容易成功。

知难而进所取得的成绩才更有成就感

这个世界上，每个人都有自己的路要走，这条路不会总是那么平坦，特别是对于还在成长中的孩子。父母虽然有很多办法，但也不能保证孩子永远不遇到困难。

困难有两个方面：一方面是困难本身，这是客观存在的；另一方面是困难感，这是每个人主观感受到的，不同的人面对同样的困难，可能会有不同的困难感。

那么，为什么每个孩子面对同样的困难会有不同的困难感？其实，这和家庭环境及父母对孩子的回应方式有很大的关系。当孩子遇到困难时，如果父母回应的方式是责备、强迫或不理解，这往往会放大孩子的困难感，让他们感到更加害怕和无助；相反，如果父母能够给予孩子支持、鼓励和理解，那么孩子的困难感就会相对减少，他们也会更有勇气去面对困难。

此外，过度心疼孩子也不一定是好事。当孩子遇到困难时，他们通常需要经历一个内心挣扎的过程，这是成长的一部分。但如果父母过于心疼孩子，急于帮助他解决问题，那么孩子就失去了锻炼自己面对困难的能力的机会，他们的困难感也可能因此增强。

作为父母，我们需要用正确的方法来引导孩子。我们要帮助孩子看到并相信自己有克服困难的能力。当孩子面对挑战时，我们要鼓励他们积极寻找解决问题的办法。

父母如何引导孩子学会知难而进呢？可以试试以下方法。

① 父母以身作则

孩子会模仿大人的行为，所以父母在面对困难时，应该先做到积极应对，给孩子树立一个好榜样。

② 让孩子独自解决

当孩子遇到困难时，父母不要急着帮忙，让孩子自己尝试解决问题。即使他们犯了错误也没关系，这样他们才能体验到解决问题后的成就感。

③ 认可孩子的感受并鼓励

父母要理解孩子的感受，并鼓励他们。当孩子获得父母的支持和鼓励时，他们会更有动力去克服困难。

第四章

真正建立坦诚愉悦的沟通模式，和孩子真心交流

放下父母架子，像朋友一样与孩子对话

在家庭教育里，很多父母都喜欢对孩子发号施令，把自己的想法和愿望强加给孩子。当孩子不听话、任性、调皮时，父母往往会摆出一副高高在上的样子，训斥孩子。

虽然孩子年龄不大，但他也是有自尊心的。孩子希望父母做自己的知心朋友，而不只是长辈，更不希望父母摆出一副长者姿态动辄训人。举个关于水的例子，当两边的高度差不多时，水才能在两边来回流动；如果两边高度差很多，水就只会流向低的那边。跟孩子沟通也是这样，如果父母总是高高在上地训斥孩子，那他就不会愿意和父母交流。

李龙今年15岁，正值青春期，他和爸爸亲密无间，就像朋友一样，聊天、谈话间充满了调侃和玩笑。

一天，李龙走进爸爸的房间，看到爸爸正在悠闲地品着酒。

"老李，你在干吗呢？"李龙调皮地问道。

爸爸放下手中的酒杯，笑着回应："我在喝酒呢，你作业写完了吗？"

李龙得意地笑了："我刚写完，还是热乎的呢，你要不要检查一下？"

爸爸摆摆手："不用了，我相信你。你自己去冰箱里拿果汁吧，我们一起喝两杯！"

李龙的爸爸深知青春期的孩子需要更多的理解和关爱，所以他从来不摆父母的架子，总是以平等和尊重的态度与李龙交流，尽可能地了解他的想法和感受。

美国精神病学家威廉·哥德法勃曾说："教育孩子最重要的是，要把孩子当成和自己一样平等的人，给他们再多的关爱也不为过。"

所以，父母要想教育好孩子，首先得放下高高在上的姿态，用理智和真诚与孩子交流，了解他的想法。当孩子感到被尊重时，他自然也会尊重父母，变得懂事起来。这样，父母和孩子就能像朋友一样相处，互相理解，互相支持。

那么，怎样做才是放下了作为父母的高高在上的架子呢？父母可以从以下几方面入手。

① 为孩子营造温馨的家

身为父母，我们要注意自己的言行举止，给孩子树立一个好榜样，不要因为心情不好就对家里其他人发脾气，要给孩子营造一个互相关心、互相帮助的家庭氛围，让孩子感到家是幸福的。

② 做个孩子喜欢的父母

想要成为孩子喜欢的父母，父母就要用平等和真诚的态度与他们交流。只有这样，孩子才愿意告诉父母他们的真实想法。久而久之，孩子与父母的关系就会越来越亲近、和谐。

③ 多和孩子聊天，耐心听他说话

其实，孩子很希望和父母分享自己的喜怒哀乐，但因为父母总以高高在上的态度对待他们，不愿意耐心听他们说话，所以他们就更愿意和朋友交流。作为父母，我们应该主动和孩子交流，耐心倾听他们的心声。

有效的批评：先肯定，后批评

　　孩子在成长过程中，犯错误不可避免，批评指正是父母最常用的教育方式。很多父母反映："批评重了，担心伤到孩子的自尊心；说轻了，又怕他们当作耳旁风，起不到效果。"

　　美国儿童发展障碍诊断治疗专家、《直觉养育的力量》的作者斯蒂芬·卡马拉塔教授指出：一般来说，每指出孩子的一个缺点，就要至少找出孩子的四五个优点。同时，不要一次性指出孩子的太多不足，以免孩子觉得自己是坏孩子，从而陷入消极、怠惰。

　　所以，父母若想让孩子接受批评并及时改正错误，可以利用"三明治效应"，就是把批评的内容夹在两个表扬当中，先对孩子表达认可、肯定，然后批评，最后给予鼓励和信任。这样，孩子的心理上就会更容易接受，也就不会排斥大人的"建议"。

　　具体来说，当孩子犯错时，父母可以分三步进行教育。

① 消除孩子的抵触心理

当孩子做错事或者不听劝时，父母要先平息自己的怒火，想想孩子的优点和平时做得好的地方，保持心平气和，用温暖和关爱的话语与孩子交流。父母要先肯定孩子的优点，让孩子感受到父母的认同和关爱。这样，他们才更容易放下防备和抵触的心理与父母沟通。

② 指出不足，给出改正建议

当孩子感到被接纳和理解后，父母可以用明确、简洁的语言，具体指出问题的症结，让孩子清楚自己需要改正的地方。父母要以一种引导和建议的方式与孩子沟通，避免使用埋怨或强硬的语气。需要特别注意的是，只针对当前问题进行讨论，不牵扯过去的错误。

③ 给予孩子鼓励和肯定

在批评之后，父母要给予孩子积极的鼓励和肯定，强调孩子的潜力和能力，让他相信自己可以改正错误并会变得更好。鼓励的环节至关重要，它能帮助孩子重建信心，敢于面对问题并努力改进。同时，这也是向孩子传递父母真心希望他变好的方式，避免他因被批评而受到伤害。

不说太多"可是"，避免孩子产生挫败感

"可是效应"是指人们为了说服别人，先采取"是"的态度，然后再采取"可是"的态度，从而促使对方接受自己观点的现象。这种技巧的关键是，先让对方觉得我和他是站在同一边的，然后再逐渐引导他接受我的观点。这样，我就可以更有效地说服他，让他接受我的想法。

但是，当父母与孩子沟通时，过多地使用"可是"这类转折语言，实际是在给孩子制造情感上的落差。比如，父母说"我知道你最近很努力，可是成绩还是没有明显提高"，这样的话语虽然看似是在肯定孩子的努力，但实际上是在否定他们的成果。

朗朗在期末考试中取得了全班第一名。妈妈非常高兴，并夸奖朗朗学习努力、认真完成作业，应该得到表扬。这让朗朗非常开心，期待妈妈的奖励。

紧接着，妈妈又对朗朗说，虽然这次考得很好，可是不能骄傲，因为隔壁班的洋洋总分还高出他5分。妈妈还计划给朗朗报名参加课外补习班，希望下个学期他能继续取得第一名，并且超过洋洋。

朗朗听到这里，原本的笑容消失了，感到非常失望。他无精打采地走回自己的房间，用力关上门，让妈妈一脸困惑。

其实，朗朗的妈妈没有意识到，她先给了朗朗希望，随即又让他失望，这种心情的波动会让朗朗感到非常痛苦，甚至比起初就直接感到失望更为难受。如果妈妈能够多鼓励朗朗，而不是提出更高的要求，朗朗或许会更加开心，从而更加努力学习。

在心理学上，有一个非常重要的原则，叫不说"可是"法。这个原则告诉我们，在和孩子沟通的时候，尽量避免使用"可是"这个词。因为尽管父母是在表达善意和关心，但孩子无法真正理解和接受。这样的教育方式不仅不能让孩子心悦诚服，而且很难起到有效的作用。

所以，如果父母想要表扬孩子，就应该大方、真诚地表扬，完全去掉"可是"后面的部分，这会让孩子充分体验到被赞美的快乐，对他的成长和进步非常重要。

父母可以尝试改变一下表达方式，跟孩子沟通时不说"可是"，让表扬真正起到作用。下面有几个情景，父母们不妨练习一下。

◆ 情景一

　　今天你们一家人要去祝贺朋友的乔迁之喜，但儿子放学后说不想去。这时候，你可以试着这样说："儿子，我知道你累了，但如果能稍微休息一下，然后陪我们一起去参加宴会，那就更好了。"

◆ 情景二

　　邻居家的小女孩买了一条漂亮的粉红围巾，你的女儿看到后也想要一条。这时候，你可以告诉她："妈妈知道你很喜欢那条围巾，但如果你能在生日的时候跟妈妈一起去商场，选一条更漂亮的围巾作为生日礼物，那就更有意义了。"

◆ 情景三

　　你的儿子对机器人很感兴趣，但他现在临近中考，复习压力大，去看机器人展览不太合适。你可以这样跟他说："儿子，我知道你对机器人很感兴趣，但如果你能等到中考结束后再去看，你就可以看得更尽兴了。"

　　这样的表达方式比起直接拒绝孩子，更容易让孩子接受和理解，也能更好地维护亲子关系。父母们不妨试试看吧！

让孩子把话说完，不要轻易打断

亲子之间的沟通很重要，这关系到亲子关系的好坏和孩子的性格养成。著名教育家周弘曾经说过："要想和孩子沟通，就必须学会倾听。倾听是和孩子有效沟通的前提。不会或者不知道倾听，也就不知道孩子究竟在想什么。连孩子想什么都不知道，何谈沟通？"

如果父母能耐心听孩子说话，不急着打断他们，孩子就会更愿意和父母分享心事，从而建立良好的沟通。如果当孩子正在说一件事情的时候，父母只是听了一句，或者是听了半句就直接打断，不让孩子再说下去了，这种行为本身就是对孩子情绪的忽视。

陈峰参加了校运会，报名了长跑项目，并且获得了全校第一名。当晚，他非常开心地把奖状和奖品带回家，想要和妈妈分享这份喜悦。

"妈妈，我今天参加了校运会，我报名了长跑项目，还得了第一名呢！"陈峰兴奋地说。

但是，妈妈正在忙着打扫屋子，没太听清楚，只是淡淡地回应："嗯，那你快去写作业吧。"

"妈妈，你听我说，比赛中有很多高年级的同学，他们的水平都很高。一开始我还落后，但后来还是超过了他们，最终获得了第一名。"陈峰还想继续分享。

但是，妈妈又打断了他："你这孩子，我叫你去写作业，你没听到吗？跑步有什么用？重点大学会因为你跑步好就录取你吗？"听完妈妈的话，陈峰失望地走开了。

我们常常用大人的思维方式去评价孩子做的事情，把自己的想法强加给孩子，不给他说话的机会。孩子因为不能说话或者自己的想法被父母忽视，只能把不开心和不满藏在心里。长此以往，父母就很难知道孩子在想什么，也就很难跟孩子沟通了。

而且，如果父母不尊重孩子的说话权，不让他们把话说完，一方面会影响孩子的语言表达能力，另一方面也会让孩子感到自卑。时间一长，孩子可能会对父母产生抵触情绪，甚至失去了对父母的信任。更严重的是，这样还可能导致孩子出现一些心理问题。

那么，父母尊重孩子的话语权，具体该怎么做呢？

① 尊重孩子，认真倾听

当孩子向父母诉说时，父母应停下手中的事情，转向孩子，保持眼神接触，鼓励他们继续说话，还可以通过抚摸或肯定的话语来回应孩子，让他们知道你在认真倾听。

② 告诉孩子你的理解和想法

在听孩子说话时，父母要尽量保持兴趣，不要随意打断或插嘴。听完孩子的观点后，父母可以表达自己的理解和想法，但要注意语气和方式，切忌武断或否定一切。

③ 让孩子参与谈话

父母要为孩子创造一个轻松的沟通氛围，让他们可以自由地发表自己的观点和看法。谈话不需有仪式感或预期结果，应该自然而然地交流。

④ 避免指责和说教

父母不要一味地指责孩子或强行灌输自己的观点，应该循循善诱，启发孩子思考，并支持他的一些有价值的观点。

父母有错，要真诚向孩子道歉

"做错了事，就要道歉"，这是父母告诉孩子的。但作为父母，对孩子说出"对不起"这三个字可不容易。

回想一下，我们小的时候，如果爸爸妈妈做了让你不开心的事，他们是怎么道歉的？他们可能不会说"对不起"，而是用其他方式表达歉意。比如，妈妈可能会说："快来吃饭！"而爸爸可能会问："钱够不够花？"他们总是用这样的方式来缓解尴尬的气氛，而不是直接说出那句"对不起"。

如果父母犯了错却不道歉，孩子就会觉得不被理解和尊重，这会导致亲子之间出现矛盾，关系逐渐疏远。这种情况下，孩子可能会变得叛逆、不听话，这对他们的成长非常不利。

父母的道歉对孩子来说非常重要。当孩子觉得被父母理解、被安抚时，他们会感到被重视和关心，从而释放内心的委屈和不满。父母的道歉不仅可以修复亲子关系，还可以让孩子学会如何正确处理冲突和解决问题。

父母做错了，向孩子道歉其实很简单。

① 直接告诉孩子

不用绕弯子，直接承认错误，告诉孩子："对不起，我之前在这件事上做错了。"

② 解释原因

对于年龄大点儿的孩子，可以稍微解释一下为什么会做错，这样他们不仅能理解错误，还能从中学到一些道理。

③ 态度真诚

道歉时不要轻描淡写或显得不在乎，孩子能感受到你的态度，所以道歉时一定要真心诚意，不能随便说两句就结束了。

④ 勇于承担责任

父母犯了错，也要承担责任，或接受惩罚，或弥补过错，要用实际行动告诉孩子，每个人都有犯错的时候，重要的是要承担责任并努力改正。这样，孩子也会学会如何面对自己的错误。

⑤ 以身作则

　　向孩子道歉，其实是在教他如何成为一个有责任感的人。因为孩子会模仿你的行为，所以当你做错事时，也要勇于承认并道歉，为孩子树立一个好榜样。

欧弗斯托原则：父母会说话，孩子才会听话

　　许多父母常常感叹自家的孩子太固执，好像无论怎么劝说都听不进去。但你知道吗？每个人都有自己喜欢的沟通方式。想要孩子不抵触你，首先得确保你说的话不会让孩子反感。换句话说，得找对跟孩子说话的"频道"，这样才能让沟通更顺畅，孩子也更愿意听。

　　父母在与孩子沟通的过程中，不妨试一试"欧弗斯托原则"，即要想成功说服一个人，你不能一上来就让他觉得你要跟他对着干，你需要先赢得对方的信任，"混"个良好的第一印象。

　　这就像哄孩子一样，先给点儿"甜头"，他才会更愿意听你的话。所以，想说服孩子，别忘了先给对方一个"温柔的开场"。

　　在一个周末的晚上，李陵想在家里看恐怖片，他觉得那样很刺激。但他的爸爸妈妈觉得看恐怖片会让人紧张、害怕，一家人在一起应该看些轻松愉快的电影。

妈妈直接对李陵说:"李陵,我们今晚不看恐怖片了,看喜剧片怎么样?那样我们可以一家人开心地笑一笑。"但李陵立刻拒绝了妈妈的提议,坚持要看恐怖片。爸爸妈妈和李陵都有自己的想法,大家都不愿意让步,就这样僵持了很长时间,家里的气氛也变得不愉快起来。

后来,妈妈想到了"欧弗斯托原则"。于是,她决定试一试。

又到了周末,家里又要选择看什么电影了。这次,妈妈换了一种说话方法,她问李陵:"李陵,你觉得我们应该在饭前看《功夫》这部电影呢,还是等到饭后再看呢?"她给了李陵两个选择,但这两个选择都围绕着看喜剧片这个主题。

李陵听了妈妈的话后,想了想,然后做出了一个让大人们都满意的选择——饭后看《功夫》。这次,家里的气氛非常和谐愉快,大家也都很高兴。

李陵妈妈运用"欧弗斯托原则",没有直接反对李陵看恐怖片的想法,而是用了一种让李陵感觉更有自主权的方式来提出建议,这样李陵就更容易接受妈妈的意见。

日常生活中,父母和孩子沟通是常有的事,可有时你会发现,你们只是在"沟通",但并没有真正"理解"对方。要让沟通更有效,父母们可以试试以下方法。

① 反思自己的言行

当孩子反抗时，父母应该反思一下自己的言行是否有不妥之处。有时候，孩子不听话，可能是因为父母管得太多或过度保护。

② 不急于发表看法

如果孩子喜欢顶嘴，父母可以耐心听孩子说完，然后再表达自己的看法。这样有助于双方能更好地理解对方的想法。

③ 寻找孩子"挑衅"的原因

面对孩子的"挑衅"，父母可以试着问孩子为什么这样做，寻找孩子的真实动机。理解孩子的想法有助于更好地沟通。

④ 给孩子更多选择

在与孩子沟通时，尽量用选择的方式，比如"你觉得这样好，还是那样好"，而不是直接命令或责备。这样，孩子感受到父母的尊重，自然也就会尊重父母，从而愉快、主动地与父母沟通。

换位思考 + 共情，与孩子沟通更有效

希望被他人理解、接纳和认同，是人的一种正常心理需求。来自他人的关爱、尊重和支持，可以让人体验到心理上的愉悦感、归属感、认同感和价值感。

在一个家庭中，孩子同样希望父母能理解、信任、支持他们，希望父母能成为他们的坚强后盾，让他们有信心和勇气面对困难和挑战。

心理学研究表明，"换位思考 + 共情"是一种表达理解、接纳、认同和支持的有效沟通方法。简单来说，当父母尝试去理解孩子，接纳他的感受，认同他的观点，支持他的决定时，孩子会觉得被理解、被关心，这样他会更愿意和父母交流、分享他的想法和感受，也会更愿意听取父母的建议和指导。

父母采取"换位思考 + 共情"的方式与孩子进行交流，需要注意以下几点。

① 倾听孩子的声音

当孩子想与父母交流时，父母的首要任务是耐心倾听，不打断、不批评，只是单纯地接受孩子的情绪和观点。父母可以通过提问鼓励孩子充分表达自己，比如："能再多告诉我一些吗？"这样的提问方式可以让孩子感到被尊重和理解。

② 给予积极反馈

在倾听的过程中，父母可以通过表情或语言向孩子传达自己对他所说内容的理解，比如："我明白你为什么感到这样。""我小时候也有过这样的感受。"这样的反馈可以让孩子感到被接纳和支持。

③ 引导孩子深入思考

在确保孩子感受到被理解后，父母可以引导他们进一步探索自己的情绪和感受，比如："你觉得为什么会这样呢？""可能的原因有哪些？"这样的引导可以帮助孩子更好地认识自己，并找到健康的情绪处理方式。

第五章

走出越强迫越恐惧的学习怪圈，
陪孩子一起进步

过度"鸡娃"，反而效率降低

　　现在很多人都在谈论"鸡娃"，有些家庭觉得"鸡娃"没问题，但要有更有效的方法和技巧；还有一些家庭虽然觉得"鸡娃"不太对，但因为竞争压力不得不这样做。如果有人问我的意见，我认为，"鸡娃"是可以有的，但是父母的目的性绝不能太强。

　　我们之所以愿意做某件事情，一定是出于"内在动机"。我们都喜欢做那些让我们觉得有价值的事情，即使在过程中遇到困难，也会觉得很有趣。因为完成这些事情后，我们会感到非常幸福和满足。

　　可是，现在很多父母只看孩子的学习成果，比如学会了加减法或者弹好了某首曲子，就觉得孩子学得很好。但父母没注意到，这些成果都是他们主导的，孩子在学习过程中总是被动的，没有机会感受到自己的价值，也没有得到大脑的奖励。长此以往，孩子可能会对学习感到厌烦和无力，这对他未来的学习之路是很大的阻碍。

张辉，14 岁，父母都是老师。张辉每次考试都考得很好，是同学眼中的学霸。

但是，大家都不知道，张辉过得并不开心。他的妈妈对他管得很严，放学后要在家写作业，写完也不能像其他孩子那样出去玩。张辉心里很压抑，对考试也很害怕，怕考不好会让爸妈失望。有一次，他语文考试只得了 80 分，本来自己已经觉得非常羞愧了，妈妈又批评了他，这让他更加难过。

在学校，老师对张辉的期望也很高，一旦他成绩有所下滑，就会找他谈话，甚至找妈妈告状。在这种双重压力下，张辉变得叛逆，不再好好学习，还逃课去玩电子游戏。他的成绩一落千丈，最后不得不选择休学。

如果父母总是过多地参与和干涉孩子的生活，孩子可能会变得抵触和叛逆。这样的孩子一旦离开了父母的视线，可能会变得难以自控，无论是在学习还是将来的工作中，都可能缺乏主动性和积极性。

相比之下，拥有自驱力的孩子会更加自觉和主动。他们会把学习看作是"我想学，我要学"的内在行为，而不是被父母强迫去做的任务。这种内在行为会给孩子带来愉悦感和成就感，让他们更加自信，有能力掌控自己的生活。

最重要的是，只有孩子的热情被点燃了，他们才会真正发挥出自己的潜力。所以，作为父母，我们应该鼓励孩子，培养孩子的自驱力，让他们成为更加独立、自信和成功的人，而不是一直监督和控制他们，让他们失去自我成长的机会。

那么，父母应该如何激发孩子的自驱力呢？

① 做孩子的顾问，而非监督者

在孩子的成长过程中，父母要避免成为监督者。学习是孩子自己的任务，父母应该转变为顾问角色，考虑孩子的学习情况，制订合适的学习方案，并在孩子学习过程中提供有效的帮助和建议。

② 肯定孩子的努力

与其夸孩子"你真聪明"或"你真棒"，不如肯定孩子的努力和进步。比如，告诉孩子："我看到你为了考试付出了很多努力，这真的很棒！"这样的肯定更能激发孩子的内在动力和成就感。

③ 鼓励孩子不断尝试，并允许犯错

父母要鼓励孩子不断尝试新事物，强调尝试和学习的重要性，而不是避免犯错。犯错是学习的一部分。与此同时，允许孩子有时间去纠错。这样可以帮助孩子培养自驱力，更愿意主动学习，敢于挑战，并从错误中学习、成长。

巧用"遗忘规律"帮孩子安排学习时间

你家孩子有没有这样的情况：孩子总是学了就忘；背诵课文、写作业都很费劲，每天写到很晚，但效果还是不好？

如果这种情况一直反复出现，孩子很容易陷入学习的恶性循环。长此以往，孩子会对自己失去信心，进而越来越害怕甚至讨厌学习，最后导致成绩越来越差。

德国著名的心理学家艾宾浩斯研究发现，遗忘是有规律的，并将遗忘规律绘制成"遗忘曲线"。这个遗忘曲线的具体图形不是很复杂，我们直接看呈现出的数据：我们学完一个新知识，觉得记住了，但过了1天，我们大概会忘掉66%；过了2天，忘掉72%；到了6天，忘掉75%；一个月之后，忘掉的就快80%了。

通过这些数据，艾宾浩斯得出了一个结论：要想减少遗忘，就要抢在遗忘之前复习。就是在孩子学习新知识之后的1天后、2天后、6天后、14天后、31天后，这些时间节点内进行复习，这样就可以帮助孩子实现短时记忆向长时记忆的转化，把知识记得更加牢固。

遗忘是有规律的，记忆也是有方法的。只要找对方法，孩子的成绩自然就能慢慢好起来。

其实，除了在固定时间节点的复习外，艾宾浩斯还发现了提升学习效率的方法。具体实验数据及原理就不赘述了，这里直接给父母提供其启示和建议。

◆ 启示一

学习完需要记住的内容后，要立刻开始第一轮复习，之后还要定期复习。这样才能真正把知识记牢。

◆ 启示二

每次记东西的时候，别一次性记太多。研究告诉我们，每次记七样东西的效果最好。

◆ 启示三

尽量找到要记的东西之间的联系，理解了就能记得更牢。对那些没有什么关联的内容，可以编些小故事或者通过其他方法来帮助记忆。简单来说，就是让记忆变得更有趣、更容易。

保护孩子的求知欲，让学习变成一种渴望

对于孩子来说，求知欲就是那种心里特别想学习新东西的感觉。这种感觉对孩子的成长特别重要，因为他的进步和成就往往和他有多想学习新知识有很大的关系。如果没有这种求知欲作为动力，孩子可能就不会主动地去学习新东西。所以，父母需要做的就是保护孩子的求知欲。

周末，我带着女儿去游乐场玩，遇到了一个小女孩和她的外婆。女儿看到小女孩，就跑去跟她玩。这时，一个八个月大的小宝宝在我们旁边爬来爬去，小女孩和女儿都对他很感兴趣。

小女孩好奇地问外婆："为什么小宝宝总是流口水？"外婆大声说："管那么多闲事干吗！别人的事少管！"外婆还说她从来不管别人的事。我听到后，觉得非常惊讶，心里也很难受。小女孩被外婆批评后，很失望、沮丧。

这让我想起另一件事。女儿长牙时，总是流口水。有一天，邻居家的琳琳看到女儿流口水，也好奇地问她妈妈为什么。琳琳的妈妈告诉她，宝宝长牙时会流口水，还鼓励琳琳自己去找答案。后来，琳琳真的去查资料，然后兴奋地跑来告诉我，原来每个人嘴巴里都有个会产生口水的"工厂"。如果嘴巴不舒服，"工厂"就会生产更多的口水。小宝宝的嘴巴太小，口水太多，就会流出来。琳琳说的时候，眼睛里闪着光，很自豪的样子。

　　很多人都说，学习好不好得靠天赋，其实这个天赋就是孩子的求知欲。有求知欲的孩子才会愿意放弃玩的时间，去学习他渴望知道的知识。

　　回想我们的学生时代，那些学习好的同学，他们总是聚在一起讨论问题，甚至有时候连饭都忘了吃，这就是求知欲的表现。而那些对学习没兴趣的孩子，他们更关心的是吃什么、玩什么，而不是学习。

　　所以，有求知欲的孩子都是有学习天赋的。如果父母不小心扼杀了孩子的求知欲，那就等于扼杀了他的学习天赋。

　　以下是父母扼制孩子求知欲的一些常见行为，希望父母可以规避。

① 制订过于严格的学习计划

　　父母为孩子制订了详尽而严格的学习时间表，却没有留出足够的自由活动时间。这种做法会让孩子认为学习是一种压迫，而非出于兴趣和好奇的探索，从而压抑了他的求知欲。

② 对孩子的问题缺乏耐心

当孩子提出问题时，父母可能因为忙碌或其他原因而显得不耐烦，甚至打断孩子的提问。这样的态度会让孩子觉得自己的好奇心不被重视，久而久之，他们可能不愿意再主动提问，从而影响了求知欲的发展。

③ 阻止或限制孩子的探索行为

孩子常常通过拆卸玩具、观察小动物、尝试新事物等，来满足自己的好奇心。然而，有些父母会因为担心孩子弄脏衣服、损坏物品、发生意外等，而阻止或限制他们的这些行为。这样的做法会让孩子觉得探索世界是不被允许的，从而抑制了他们的求知欲和创新能力。

这些行为在日常生活中并不少见，但许多父母并未意识到这些看似微小的举动实际上正在悄悄磨灭孩子的求知欲。求知欲是孩子探索世界、积累知识的原动力，一旦受损，对其未来的学习和成长将会产生不可估量的影响。

因此，父母应当更加谨慎地对待孩子的求知欲，给予他更多的空间与自由。以下是一些激发孩子求知欲的方法，以供父母参考。

◆ 给孩子思考和探索的空间

　　父母要给予孩子足够的自由和安全空间去探索和思考，并及时提供帮助，如提供书籍、搜索引擎、可拆卸玩具等，满足他的好奇心和求知欲。

◆ 耐心对待孩子的提问

　　当孩子提问时，父母应尽量避免因时间或情绪问题而失去耐心，应告诉孩子自己当前的状态，并在合适的时候耐心解答，或与孩子一起寻找答案。

◆ 尊重孩子的兴趣和学习意愿

　　如果孩子对某种技能或学科产生兴趣，并希望参加培训班，父母应给予支持。但如果孩子的求知欲尚处于萌芽阶段，父母应避免高压培训，以免磨灭孩子的好奇心和求知欲。

◆ 设定合理的规则

　　在确保孩子安全的前提下，父母可以设定规则，允许孩子进行适度的探索和尝试，同时教育他避免危险和损害自身或他人的行为。

◆ 避免过度规划孩子的学习

　　父母应避免为孩子制订过于严格的学习计划，以免让孩子感到压力，从而失去对学习的热情和好奇心。

激发兴趣比物质奖励更有效

"你要是这次考试拿到满分，我就给你买新玩具或新衣服。"

这样的话，你是否也对孩子说过呢？确实，很多父母习惯用各种物质奖励来鼓励孩子学习。父母认为给孩子一些奖励，他们就能更努力地学习了。但是，你是否知道，这种依靠奖励教育孩子的方式只是在追求短期效果，从长远来看，这种教育方式存在许多潜在的危害。孩子更关注这些奖励，从而忽略了学习的重要性。如果你持续采用这种激励方式，孩子可能会认为没有奖励，学习就没有动力，也没有价值。随着时间的推移，你可能需要提供更多的奖励，才能唤起孩子对学习的热情。有些孩子甚至会故意不学习，借此威胁父母，以获取他想要的东西。

那么，如何才能正确地激励孩子学习呢？众所周知，当孩子对某个学科产生兴趣时，他便会主动、持续且专心致志地钻研。因此，我们要在日常生活和学习中多观察孩子，注重发现孩子的内部学习动机，培养孩子的兴趣点。

要想让孩子对学习感兴趣，父母得注意下面这几点。

① 保护好孩子的好奇心

孩子天生就对周围的事物感到好奇，这时，父母不能忽视或否定他的好奇心，要陪着他一起探索，一起找出答案。比如，父母可以多带孩子去大自然或者博物馆，让他多接触新鲜的事物。

② 让孩子感受到成功的快乐

孩子都喜欢被夸奖。当孩子完成学习任务或者取得进步时，父母要及时表扬他，让孩子为自己的进步和成果感到快乐和骄傲，这样他才会更有动力去学习。当然，不要设定超出孩子能力范围的目标。

③ 让孩子当"老师"

父母可以让孩子批改自己的作业、试卷，或者让孩子扮演"老师"，父母扮演"学生"，让孩子将在学校学到的知识讲给父母听，以此提高孩子的学习兴趣，让孩子更加主动地去学习。

④ 帮助孩子解决学习上的困难

孩子学习比较吃力，父母不要轻易放弃，也不要打骂，否则只会让他更讨厌学习。父母要有耐心，找出问题所在，帮助他找到好的学习方法。

⑤ 保证孩子充足的睡眠和身体健康

身体是革命的本钱，孩子如果身体不好，精力不充沛，怎么可能对学习感兴趣呢？所以，父母要确保孩子能得到充足的休息和锻炼，这样才能在身心俱佳的状态下更好地学习。

分数不是对孩子态度的"晴雨表"

在中国，成绩单是很多父母对待孩子态度的"晴雨表"。当孩子取得好成绩时，父母便觉得脸上添光，对孩子百依百顺，亲子关系也和谐融洽。然而，一旦孩子的成绩不理想，父母便感觉脸上无光，对孩子冷嘲热讽，甚至拳打脚踢，亲子关系降至冰点。这种以分数定亲疏的做法，对孩子的成长极为不利。

梁丽上学以来，她的父母就非常重视她的学业。她的母亲每天检查作业，她的父亲则在周末带她去补习。然而，尽管他们如此努力，但梁丽的成绩依然没有显著提升。

新学期刚开始，学校组织了一次数学考试，梁丽得了82分，在班里算是中等成绩。这个成绩让她的爸爸妈妈非常失望，因为暑假父母花了不少钱给梁丽补课，希望她新学期能有一个良好的开始。可是梁丽让他们失望了，妈妈因此打了她，爸爸和妈妈也由此发生了激烈的争吵。

自此，梁丽特别害怕考试，每次考试前都会生病，考试后还要挨妈妈的责骂。我问梁丽恨不恨妈妈，她说不恨，知道妈妈是为了她好。我看着梁丽一边抱着毛毛熊，一边还在做数学卷子，心里特别难受。梁丽突然对我说："如果我们学校没有考试该有多好啊！"

父母不能只看重孩子的分数，要多注重对孩子思维能力、学习方法的培养，激发孩子对学习的兴趣与好奇心，不能用考试分数判断孩子的优劣，更不能让孩子有以此为荣辱的意识。

其实，每个孩子的内心都是渴望向上的，每个孩子也都有自己的成长时区，父母要给孩子时间，让孩子自由成长。而孩子的成长绝不只有分数，考试考得好更不能成为学习的唯一意义，无论家庭还是学校，都要注重给予学生心灵的滋养。分数是空洞的，不要让分数决定你对孩子的态度。父母要和孩子一起打败问题，而不是和问题一起打败孩子。

要做到这点，父母得调整好自己的心态，具体可以从以下几方面入手。

① 理性对待孩子的成绩

孩子考得好，父母要适度表扬，不要给太多奖励，不然孩子会骄傲；孩子考得不好，父母也不要太生气；惩罚太严厉会让孩子失去信心。

② 深入分析试卷

不论分数如何，父母都要和孩子一起分析试卷，看看到底是哪些知识点没学好，是基础知识不扎实，还是学习方法有问题，或者是考试紧张。找到原因后，父母和孩子就能一起有针对性地解决问题。

③ 整理错题并加强练习

父母可以让孩子把试卷上的错题都整理出来，弄清楚错在哪里、为什么错，再针对这些知识点进行更深入的学习，最后出一些类似的题目让孩子做，确保他们能真正掌握这些知识点。

帮助孩子克服学习"停滞期"

在陪孩子学习时，我碰见过这么一件事：孩子明明很努力了，但成绩依旧没有提升，好像卡在一个地方不动了。她越是想攻克某个难题，就越是容易陷进去。慢慢的，她就觉得学习无趣，热情也减退了，也没有了坚持下去的动力。

这种"停滞期"是正常的，每个人学习的时候都会碰到。这个时候，无论孩子有多努力学习，学习成绩就是无法提升，甚至还会下降。这在教育心理学中被称作"高原现象"，就是指在学习或技能的形成过程中，出现的暂时停顿或者下降的现象。

遇到这种情况，恰恰说明孩子已经努力了很长时间，积累了很多收获，如果再坚持一下，用不了多久就会看到成功。所以，当孩子处于学习"停滞期"时，父母千万不要着急，要积极找到方法，帮助孩子顺利度过学习"停滞期"。

那么，我们该如何帮助孩子平稳而快速地度过"停滞期"呢？

① 调整学习方法

随着学习内容的深入，孩子需要适应更高层次知识学习的要求，因此对学习方法和思维方式进行调整是非常关键的。一成不变的学习方法可能不再适用，需要灵活应对。

② 向老师和同学请教

在学习上遇到困境时，父母需要提醒孩子不要独自苦思冥想，而是应该主动向老师和同学寻求帮助，这是解决问题的有效途径。老师和同学可能会提供有益的指点，帮助找到问题的症结所在。

③ 临危不乱，勇敢面对困难

学习上的"高原现象"并不可怕，重要的是要有积极的心态和战胜困难的决心。相信自己能够成功，运用正确的方法，就能够跨越困境，向更高的目标迈进。

第六章

提升孩子人际交往自信心，"捧"孩子做"社交"小达人

只要舞台合适，鼓励孩子大胆展示自己

在讲述本章主题前，我先讲一个关于木匠的故事。

有个人想买橱柜，他首先找到了一个很有名的木匠。他问木匠："听说你手艺很好？"木匠谦虚地说："哪里，哪里，我和别人比差远了，手艺真的拿不出手。"听到这话，那个人就去找了另一个木匠。这个木匠一直夸自己手艺很棒，于是那个人最后决定买第二位木匠的橱柜。

过了几天，他再次路过第一位木匠的小店时，惊讶地发现这里的橱柜比第二位木匠做的要好得多！他很困惑，不明白为什么第一位木匠要说自己手艺不好。

故事中的道理很简单，也是本节的主题——我希望父母鼓励孩子大胆展示自己的才能。现在的社会竞争很激烈，人们需要鼓起勇气大

声地说"我行"。所以，家庭教育中很重要的一部分就是教孩子要勇敢地表现自己。

有些父母说："道理我都懂，可是孩子就是内向、胆怯，我能怎么办？"

通常来说，那些不敢表现自己的孩子，在面对很多人的目光时会觉得紧张不安，但并不是他们不喜欢被赞美或得到掌声。你只需要看看他们看其他孩子被夸奖时的眼神就知道了，他们也是渴望被肯定、被赞美的。

所以，父母应该有意识地让孩子多接触人和新环境。比如，带孩子去邻居家串串门、聊聊天；让孩子和同龄的朋友一起玩，交些新朋友；去商店买东西时，让孩子帮忙付钱；周末或节假日，带孩子去亲戚家玩，或者去旅游，看看外面的世界。这样，孩子见的人多了，去的地方多了，他们再次面对别人的目光时，就会更加自然、大方，不再那么紧张、胆怯了。

上面提出的建议是父母需要做的第一步，即消弭孩子的紧张感、帮他们适应新环境。接下来是如何鼓励孩子大胆展示自己。其实，孩子不愿展示自己，很大一部分原因是不自信，怕做不好，得不到别人的夸奖。所以，我们要找出孩子擅长的事情，并多鼓励他们在这些方面好好表现，帮他们建立自信。

开始时，父母可以让孩子在家人面前展示，给他夸奖和鼓励，让他有信心。等孩子因为这些夸奖而变得越来越自信时，我们就可以借机引导孩子向他人展示："宝宝你唱得真好，其他小朋友听了肯定也会喜欢的！""你跳舞的样子真好看，下次跳给邻居看吧，他们肯定以为我们家有个舞蹈明星呢！"就算孩子一开始不愿意也没关系，至少他心里会留下这样的印象：我唱得好，跳得好，是可以展示给大家看的。这样，慢慢的，孩子就会变得更加自信，敢于表现自己了。

在这个过程中，需要注意的是，父母千万不要因看不到孩子的改变而失去耐心。有时候，父母看到别人家的孩子在台上又唱又跳，而自家孩子依旧畏畏缩缩地躲在一边，心里难免会觉得失望，甚至会忍不住说些重话，比如"你怎么这么没出息，都不敢见人"。或许父母很快就会意识到这样发脾气是不对的，可是这些话给孩子带来的伤害并不是父母事后几句安慰就能轻易抚平的。孩子在努力克服自己的恐惧时，最需要的是父母的鼓励和支持。父母要有一双温暖的大手，推动着他一步步向前。

当孩子因为勇敢地表现自己而得到夸奖，感受到被肯定的喜悦时，他的自信心就会慢慢增强。孩子有了自信，就会更愿意去表现自己。也许一开始，孩子不能像那些天生就外向、开朗的孩子那样乐于展示自己，但只要他敢于迈出那一步，去勇敢地展示自己，那就是在抓住每一个进步和成长的机会。

积极回馈，鼓励孩子主动打招呼

在去亲戚家或者路上遇到熟人时，大多数父母都希望孩子能够表现得大方且有礼貌。在这个时候，孩子能不能主动打招呼，似乎就成了判断他们是否懂礼貌的标准。

父母觉得打招呼只是简单说句话而已，但对孩子来说，却远不止如此。孩子面对不同的人会有不同的反应。他们会对父母撒娇，对家人微笑，但遇到陌生人时，他们可能会因为害怕或害羞而躲藏。

其实，孩子在面对陌生人时产生胆怯和害羞的心理，是一种与生俱来的自我保护能力。这种能力会让孩子在面对陌生人时，第一反应是观察、分析这个人是否安全，是否值得信赖。比如，面对陌生人的"问候"，孩子不会马上回馈对方的信息，而是警觉地观察对方的面貌、眼神、着装等，这就是孩子自动开启了"安检雷达"。在孩子的眼里，打招呼代表了信任；孩子不愿意打招呼时，只是说明这个人还没有通过"安检雷达"的检测而已。

但是，父母往往会逼着孩子去跟不熟悉的人打招呼，如果孩子不愿意，就会当着大家的面说孩子"没礼貌""不懂事"，给孩子贴上"害羞""内向""不合群"的标签。

我们不妨回忆一下自己的童年，在被父母催促着去与陌生人打招呼时，我们是不是充满了害怕和尴尬，渴望得到父母的理解和安慰，但只得到了"没礼貌"的指责？当时的你是不是也感到自尊心受损，心中充满羞愧和挫败感？

孩子不想打招呼，无论是紧张、害羞也好，还是谨慎小心也罢，其背后一定有孩子没有表达出来的感受。父母不要急于批评，也不要当众指责，更不要强迫他，要在尊重孩子的前提下，用一些恰当的方法引导孩子主动打招呼。

① 尊重孩子的性格与成长

每个孩子都有自己独特的性格和成长速度，父母应该尊重这一点，不要期望孩子立刻就能适应所有社交场合。

② 保护孩子的内心

敏感多虑的孩子在面对陌生人和陌生环境时，更需要父母的理解和保护。父母应该用正面的态度回应他人，减轻孩子的压力。

③ 了解孩子不愿打招呼的原因

父母需要深入了解孩子不愿打招呼的具体原因，可能是社交恐惧、羞怯，也可能是自我保护机制。只有了解真正的原因，才能更有效地帮助孩子。

④ 提前沟通，但不强迫

需要孩子打招呼前，父母可以与孩子进行沟通，告诉他应该怎么做。但如果孩子仍然不愿意打招呼，父母不应该强迫，可以建议他用其他方式表达对对方的友好，如点头、微笑等。

⑤ 耐心等待与逐步引导

改善孩子内向、胆怯的性格是一个长期的过程，父母需要耐心等待，并逐步引导孩子适应与陌生人交流。任何事情都不可能一蹴而就，父母要给孩子足够的时间和空间去成长和学习。

"社牛"必备素质——合理拒绝别人

在生活中，孩子需要跟不同的人交际沟通。可是，有些孩子总是不敢拒绝别人，长此以往，就会对自己造成各种困扰。那么，为什么孩子不会拒绝别人呢？这里面有很多原因。

① 不习惯说"不"

孩子和大人一样，也有权利拒绝别人。他不会拒绝，不是因为胆子小，而是因为他不习惯拒绝别人。所以，拒绝别人也是一种习惯，得慢慢培养。

② 过于谦让

父母想让孩子学会分享，变得大方，但孩子也是有自己想法的，他们不想总是把自己的东西分享给别人，特别是自己喜欢的东西。孩子懂得分享虽然让父母面子上有光，但对孩子来说，他会觉得自己的东西不重要，长大以后维护自己权益的意识也会薄弱。

③ 父母替孩子拒绝别人

有时候，孩子不想做某事，但又不敢拒绝，这时父母就会替他拒绝。这样做看似帮了孩子，其实是剥夺了孩子实践的机会，让他更不敢拒绝别人了。

教孩子学会拒绝他人，是让他更好地与人相处的重要一环。以下是给父母的一些具体的建议，可以帮助孩子学会拒绝他人。

◆ 让孩子坚持自己的决定

有时候，孩子为了和别人玩就会轻易地答应别人的要求，但过后又后悔。父母要告诉孩子，既然已经做了决定，就不要轻易反悔，要接受因此带来的结果。

◆ 教孩子正确认识"面子"

孩子可能因为"面子"而不好意思拒绝别人。父母要引导孩子明白，真正的面子是维护自己的尊严，而不是满足虚荣心或跟随大众。

◆ 教孩子委婉拒绝他人

委婉的拒绝既不会让自己尴尬，也不会伤害到别人。比如，当别人借东西时，如果不想借，可以说"我用完后再借给你"或者"我现在还需要用"。

嘱咐孩子，不要以貌取人

　　在生活中，我们经常会因为一个人的外貌而对他产生某种印象。长得好看的人总是让我们觉得舒服，让我们觉得他在其他方面也很好。和好看的人在一起，我们也会觉得很光彩。其实，外貌对人和人之间的关系影响并不大。因为我们和一个人长时间交往，会更多地关注他们的内在品质，而不是他们的外貌。

　　孩子缺乏识人、辨人的能力，往往只看外表来判断一个人的好坏，这样不利于孩子日后的人际交往和身心健康。

　　所以，父母在教育孩子怎么和人相处时，也要告诉他不要只看外表。

　　孔子有很多学生，其中有一个叫宰予，口才特别好。一开始，孔子对他印象还不错。可是，随着时间推移，孔子发现宰予这个人既不仁爱又懒惰，大白天不学习反而躺在床上睡大觉。因此，孔子生气地骂他是一块"朽木"，根本不值得雕琢。

而孔子的另一个学生，名为澹台灭明，字子羽，是鲁国人。子羽长得不太好看，刚开始孔子觉得他资质平平，不会有什么出息。但子羽非常努力。他认真学习，注重修养，做事光明磊落，从不为了私事去拜见权贵。后来，子羽的名声越来越大。他在长江一带游历，跟随他的学生竟然有三百多人，各国都传颂着他的名字。

孔子听说这件事后，深有感触地说："我以前只是听一个人说的话来判断他的能力和品质，结果看错了宰予；我又只是看一个人的相貌来判断他的能力和品质，结果又看错了子羽。看来，不能以言取人，也不能以貌取人啊！"

这个故事告诉我们，不能仅凭一个人的言语或外貌就判断他的能力和品质，而需要深入了解才能作出准确的评价。

父母要告诉孩子，交朋友不要只看长得好不好看，那些心地善良、有修养的人才是值得交往和尊重的。那么，作为父母，我们怎么才能帮助孩子避免以貌取人呢？

① 教孩子学会尊重他人

尊重他人是交朋友的基础。只有尊重他人，才能得到他人的尊重，才能收获真正的友谊。当然，父母在教孩子尊重他人时，要以身作则，给孩子树立一个好榜样，让孩子在潜移默化中学会尊重他人。

② 教孩子学会欣赏他人的优点

每个人都有优点和缺点，如果总是盯着他人的缺点看，就不容易交到朋友。父母要鼓励孩子多去发现他人的优点，多去欣赏他人。一个会欣赏他人的人，通常都是自信、快乐、勇敢和豁达的，而这些正是社交达人不可缺少的要素。

③ 当孩子以貌取人时，要及时指正

父母要经常教导孩子不要以貌取人，告诉他外表不是衡量一个人好坏的标准。如果孩子还是犯了以貌取人的错误，父母要及时、合理地指出来，帮助他认识到自己的错误。久而久之，孩子就会改正这个毛病。

善于倾听的孩子朋友多

我们常常觉得，孩子如果很会讲话，特别是能一直和别人聊天，就说明他很会交朋友，已经很厉害了。但其实，话说得多不一定就等于说得好。在和别人聊天的时候，怎么倾听比怎么说话更重要。

在人际交往里，倾听别人说话是一种有教养的表现，对于建立良好社交关系尤为重要。心理学家研究发现，越是善于倾听别人说话的人，越能够与别人产生融洽的关系。因为倾听就是告诉对方，你觉得他的话值得听。

有一次，一个汽车销售员向一个顾客推荐了一款新车。他服务得很周到，详细介绍了这辆汽车的优点。顾客本来都准备买了，但是就在他们从展厅走到办公室这短短的时间里，顾客突然就不高兴了，决定不买了。汽车销售员觉得很奇怪，他想不明白自己哪里说错了。于是第二天，他打电话问顾客原因。

顾客说："你昨天没有认真听我说话。在我准备签字的时候，我提到了我儿子考上了牛津大学，还说他喜欢赛车，我以他为荣。但是你根本没在意！你只想着卖你的车，不在乎我在说什么。我不想从一个不尊重我的人那里买东西！"

这让汽车销售员突然明白了倾听他人讲话多么重要。从那以后，他每次卖车的时候，不仅带上自己的"嘴巴"去说话，还带上自己的"耳朵"去倾听，并且更加关心顾客的感受。

随着孩子慢慢长大，他们的表达欲也会变强，但这期间也可能养成一些不好的习惯。比如，别人说话的时候，孩子总是打断别人，不认真听；总觉得自己说的才是对的，别人说的都是错的；孩子喜欢别人听他说，但不喜欢听别人说。

孩子只有真正懂得倾听，才能理解别人说的话，才能和别人真诚、友好地交流。这对孩子来说，不只是听，还是一种美德，是和别人交往的一种能力。在倾听的过程中，孩子可以从别人的话里学到很多新知识和做人的道理。学会倾听，就是学会尊重别人，学会真诚待人，学会关心别人，学会设身处地为他人着想。所以，教孩子学会倾听，是一件很重要的事情。

要想培养孩子的倾听能力，父母可以从以下三个方面着手。

① 父母要成为孩子的好榜样

很多时候，父母都没有认真听孩子说话的习惯，这样怎么能让孩子学会倾听别人讲话呢？所以，父母需要耐心倾听孩子说话，给他树立一个好榜样。要知道，倾听这种能力不是一下子就能学会的，它需要父母和孩子之间的互动和交流，需要花费时间慢慢培养。

另外，还有一点需要提醒各位父母：父母在家里的言行举止最容易影响孩子，所以交谈时要专心，不要一边说话一边做其他事情。

② 及时表扬孩子做得好的地方

当孩子认真听别人说话时，父母要及时表扬他，让他知道这样做是对的，他才会更愿意倾听。表扬和鼓励可以让孩子更有动力去学习倾听，也能让他养成良好的倾听习惯。

③ 教给孩子一些倾听的技巧

有时候，孩子可能不知道如何倾听，这就需要父母来教他了。比如，听别人说话时，眼睛要看着对方，不要打断别人，听完后再发表自己的看法，等等。这些技巧可以帮助孩子更好地回应别人，也能让他更尊重和理解别人。

与什么人做朋友，让孩子自己决定

很多父母都要求孩子只能跟学习好、品行好的人交朋友，因为他们觉得这样自己的孩子也会变得更好。而那些表现不好的孩子，父母则不同意自己的孩子接近他们。

拥有松弛感的父母，不会规定孩子必须交什么样的朋友，而是让孩子按照自己的喜好去选择。因为孩子有自己的想法，他知道谁才是与自己兴趣相投的朋友。当孩子和朋友之间出现问题时，这些父母也不会帮孩子做决定。他们认为，总是替孩子做决定会让孩子变得依赖别人，不利于孩子的成长。

孩子交的朋友，父母可能不喜欢，但也不能直接阻止他们交往。如果父母总是限制孩子交朋友，或者不尊重孩子的朋友，不仅会让孩子与父母产生隔阂，还会给孩子压力，甚至导致孩子叛逆，更严重的还可能会出现心理问题。

那么，在孩子交朋友时，父母的正确做法是什么呢？

① 支持孩子自主选择朋友

（1）转变陈旧观念：父母需要摒弃"只允许孩子与优秀孩子交朋友"的陈旧观念。每个孩子都有自己的优点和价值，他们选择的朋友也许并不完美，但正是这些不同，才让孩子有机会接触到更丰富的世界，从而丰富自己的经验和视野。

（2）支持孩子自主选择：父母应该鼓励孩子根据自己的喜好和判断去选择朋友，而不是将父母的意愿强加给他。这样不仅能培养孩子独立思考的能力，还能让孩子学会尊重和理解他人。

（3）指导孩子多交不同个性的朋友：父母可以引导孩子结交一些性格、兴趣等方面与自己不同的朋友，这样可以帮助孩子拓宽视野，增强社交能力，让他学会与不同类型的人相处。

② 关注孩子交友中的困难

（1）关注孩子的交友动态：父母要时常关注孩子的交友情况，了解他与朋友的相处细节，以便及时发现和解决问题。

（2）帮助孩子分析问题：当孩子与朋友发生矛盾时，父母要耐心倾听他的困扰，并帮助他分析问题所在，找出原因。

（3）提供解决方法：在分析问题的基础上，父母可以给孩子提供一些建议和方法，帮助他解决交友中遇到的问题，同时鼓励他积极面对挑战，培养其解决问题的能力。

③ 尊重孩子的朋友

（1）尊重孩子的朋友：父母要尊重孩子选择的朋友，即使这些朋友在某些方面并不符合自己的期望。尊重孩子的选择，就是尊重孩子的个性和判断力。

（2）邀请孩子的朋友来家里做客：父母可以适时邀请孩子的朋友来家里做客，为他提供一个友好、舒适的环境。这样不仅能让孩子感受到家庭的温暖和支持，还能让他在与朋友的互动中增进友谊。

（3）好好招待孩子的朋友：在孩子邀请朋友来家里做客时，父母要热情周到地招待他们，让他们感受到受重视和欢迎。这样，孩子的朋友会更加珍惜与孩子的友谊。

第七章

从容接纳孩子负面情绪，帮孩子走出情绪困扰

远离消极，帮孩子的情绪转个弯

心理学家研究表明，积极快乐的孩子身体更健康，学习也更轻松；而消极悲观的孩子，身体容易出问题，还可能厌学，同时更容易出现逆反情绪。所以，为了让孩子有个快乐的童年，身体和心理都能健康成长，父母要帮孩子摆脱消极情绪。那么，具体该怎么做呢？别着急，我们先看一个案例。

哲龙从小就特别聪明，学习特别好，性格也好，对人特别热情，大家都喜欢他。

哲龙和一位关系很好的女同学经常一起学习，一起回家。没想到，老师看到后误会了，以为他们早恋，就在课堂上警告了他们。哲龙心里特别难受，觉得自己从好学生变成了坏孩子。老师不再喜欢他，同学们也议论纷纷。他还一直觉得对不起那个女同学，心里特别愧疚。

哲龙的爸妈看到他这样，就决定给他换个学校，希望他能重新开始。可是，情况也没好多少。以前他是学校的优等生，现在却成了普通学生，和同学们关系也不好。他越来越怕去学校，最后干脆不去学校，天天待在家里上网。

　　哲龙从一开始的聪明、活泼、好学，变成现在的整日萎靡不振、惧怕上学，着实令人感到痛心疾首。

　　哲龙的成长过于顺遂了，所以遇到点儿困难就受不了。这就好比一个人在小河里划船，突然遇到个大漩涡，不知道怎么办，结果就被卷进去了。其实，如果提前做好准备，也许就能成功摆脱了。

　　在这个案例里，哲龙的父母也有责任，他们在哲龙遇到问题时没有及时帮哲龙疏导情绪，也没选对解决问题的方法，结果反而耽误了孩子。如果他们平时多跟哲龙聊聊天，了解他的想法，在他遇到困难时鼓励他，那问题可能就不会这么严重了。

　　当孩子有消极情绪时，父母不能责怪孩子，更不能压制孩子的消极情绪，否则会适得其反。那么，父母需要做些什么呢？

① 巧妙转移孩子的注意力，缓解不良情绪

　　当孩子出现不良情绪时，父母要想办法转移他的注意力，帮助他从负面情绪中走出来。父母可以带孩子做一些他喜欢的事情，或者引导他参与一些有趣的活动。比如，当孩子生气时，父母可以带他去公园散步或者玩一些轻松的游戏；当孩子伤心时，父母可以让他帮忙

干一些家务或者一起做一些小手工。这样，孩子的注意力就会得到转移，情绪也会逐渐得到缓解。

② 理解并接纳孩子的情绪发泄

孩子有自己的情绪表达方式，当他发脾气时，父母要给予理解和接纳，不要过于严厉地斥责孩子，要试着站在他的角度去理解他的感受。只要孩子的行为不是过于极端或有害的，父母就允许他适度地发泄情绪吧。这样，孩子才能学会正确表达自己的情绪，更好地处理人际关系和情感问题。

③ 培养孩子自我情绪的调节能力

培养孩子自我情绪的调节能力是一项至关重要的任务，因为情绪管理能力是孩子未来成功和幸福的关键。人生充满了起伏和变化，没有谁能够一帆风顺地走完整个旅程，挫折和困难是不可避免的。如何面对这些挑战，很大程度上取决于调节自己情绪的能力。

别拿孩子当"出气筒"，警惕"踢猫效应"

心理学中有个著名的"踢猫效应"，是指个人在经历负面情绪或压力后，向弱于自己或者等级低于自己的对象发泄不满情绪，从而产生的连锁反应。

这一效应在我们日常生活中经常发生。有时候，父母碰到不顺心的事，比如工作不顺利、跟同事关系紧张、家里事情多等，心里就会感到不舒服。这时候，如果情绪没得到妥善处理，父母很容易把气撒在孩子身上。这样一来，孩子就成了大人的"出气筒"。父母就会对孩子百般挑剔，或者跟孩子大吵一架，甚至用"你再不听话，爸爸妈妈就不要你了"这样的话来吓唬孩子。

其实，父母心情不好是正常的，但问题是要学会处理自己的情绪，而不是拿孩子当出气筒。这种"踢猫效应"不仅不能解决问题，还会让事情变得更糟。所以，如果父母在外面碰到不开心的事，最好先想办法让自己心情变好点，或者至少让情绪得到一些宣泄，然后再回家。这样才能避免把负面情绪带给孩子，杜绝"踢猫效应"对孩子的伤害。

孩子不是父母的私有物，更不是拿来发泄情绪的"工具"。如果父母被情绪问题困扰，想管理好自己的情绪，可以试试以下方法。

① 认清孩子的弱者地位

孩子在家里是弱者，尤其是父母生气的时候，更容易受伤。所以，父母在情绪不好的时候，需要提醒自己别伤害孩子。

② 改变那些不合理的想法

父母跟孩子之间的矛盾，主要就是因为意见和想法不同。父母要时常审视自己的想法，放弃那些可能对孩子成长有负面影响的不合理的想法。而且，孩子在成长中肯定会犯错，这是正常的。父母要多给孩子支持和理解，这样自己的情绪也会好起来。

③ 调整说话的声调

声调能传达情绪。情绪不好的时候，父母可以试着把声调调得沉稳、友善一些，这样孩子会觉得你好相处，同时，父母自己的情绪也会慢慢稳定下来。

把"哭泣"的权利还给孩子

在心理学中，有个叫"哭泣效应"的现象，就是说人在哭完后会觉得心里舒服多了。这是为什么呢？原来，眼泪中含有一种化学物质，将它排出体外对改善心情有很大的帮助。而且，哭能让人的紧张情绪放松下来，这对身体也是好的。

可是，有些父母看到孩子哭就害怕，总是想办法让孩子别哭，比如逗孩子开心或者转移孩子的注意力；有些父母还会用大人的威严命令孩子"不许哭"；还有些父母会把"哭"和孩子的好坏联系起来，孩子一哭就说他不乖，还威胁说爸爸妈妈不喜欢哭闹的孩子。

但其实，孩子和大人一样，哭是表达情感和需求的一种方式。而且，因为孩子还小，他的语言表达能力非常有限，尤其是对于那些比较复杂的情绪，他不知道如何用语言准确表达，就只能用哭来表达自己的需求和感受。

所以，当孩子哭的时候，父母不应该训斥或阻止他们，而是应该看准时机、掌握分寸，引导孩子从悲伤情绪中走出来。这就需要父母做到以下几点。

① 冷静对待孩子的哭闹

当孩子试图用哭声来要挟父母时，父母可以选择不予理睬。但在此之前，父母需要准确判断孩子的意图，确保孩子是在故意要挟，不是出于真实的需求或身体不适。

② 引导孩子用言语表达心声

对于已经会说话的孩子，父母应当鼓励他用语言来传达自己的需求和情感。如果孩子总是依赖哭泣解决问题，父母应耐心引导，教会他用言语来表达，而非用泪水来诉说。

③ 给予孩子温馨的慰藉

当孩子因为疼痛、委屈或其他不适而哭泣时，父母应给予他恰当的安慰。此时，陪伴在孩子身边，用心倾听他的心声，给予一个温暖的拥抱，让他感受到父母的关爱与重视。这才是孩子最需要的安慰。

"放飞"孩子心中那只"愤怒的小鸟"

带孩子最让人受不了的就是孩子发脾气！孩子一发脾气，就开始不讲道理，打滚撒泼，看着就让人来气。很多父母看到孩子生气，第一反应就是想办法压制。可是，这样做反而让孩子的情绪更暴躁，愤怒的次数也越来越多。

其实，生气并不是什么坏事，关键是要知道怎么把孩子心里那只"愤怒的小鸟"放飞出去，并帮助孩子冷静下来。

①拥抱并允许孩子愤怒

当孩子生气时，父母可以给他一个拥抱，让他感受到你的支持和理解。父母要允许孩子表达自己的愤怒，不要急于压制他的情绪，而是让他自然宣泄。等孩子冷静下来后，父母再引导他缓解自己的情绪，并寻找解决办法。

② 倾听孩子的需求

父母要耐心倾听孩子生气的原因，了解他内心的需求，避免用暴力或冷漠对待孩子的愤怒，否则只会让他的内心更受伤。父母要与孩子共情，理解他的感受，用温柔的话语安慰他，帮助他平息怒气。如果孩子做出过激行为，父母可以说出自己的感受，比如"你的行为让我现在感到很生气"，而不是直接责备孩子。

③ 帮助孩子识别并正确对待情绪

父母要引导孩子用语言来表达自己的感受，而不是用"行动"来表达，比如"你没有得到玩具，所以很生气对吗"。父母需要告诉孩子每个人都有负面情绪，可以发泄，但要避免伤害自己和他人。当孩子生气时，父母可以教孩子一些放松技巧，如深呼吸、数数、出去走走。

④ 设置行为限制，共同解决问题

父母要允许孩子愤怒，但要对他的行为设置明确的限制，确保不伤害人、不破坏物品，可以使用情绪绘本或愤怒选择轮等工具，帮助孩子学会正确表达愤怒。等孩子平静下来后，父母可以与孩子一起讨论如何解决问题，引导他学会从多角度思考和处理问题。

孩子出现逆反情绪怎么办？

飞去来器原是澳洲土著人用的一种特殊飞镖，扔出去还会飞回来。在社会心理学里，有个概念相似的"飞去来器效应"，是指我们所做事情的结果，与我们想要达成的目标完全相反。所以，"飞去来器效应"常用来形容"适得其反"的情况。

在家庭教育中，"飞去来器效应"常表现在孩子的逆反行为上：父母希望孩子往东，他却偏偏往西；不想他碰的东西，他却非要试试。这让父母感到很无奈，觉得孩子的脾气越来越犟，越来越难带了。其实，这都是孩子的逆反情绪在作怪。如果父母在教育孩子的时候没有好好处理这种逆反心理，那孩子的成长就会受到影响。

放学后，郡峰跟同学一起去公园玩。等回到家时，看到爸妈正等他吃饭，他连忙道歉："对不起，我回来得晚了。"他心想，下次一定要早点儿回家。

然而，郡峰的爸爸一脸严肃地责备道："你怎么一放学就知道玩，不知道早点儿回家吗？"妈妈也在一旁唠叨："你就不知道好好学习，争取考个好成绩吗？就知道疯玩。"

　　郡峰听着听着，心里越来越不舒服。他觉得爸妈说得太过分了，自己只是晚回来了一会儿，怎么就被说得一无是处了呢？他心里开始产生逆反情绪，心想："下次我还去玩，看你们能怎么样。"

　　父母不依不饶的批评和指责让郡峰产生了"逆反情绪"，开始跟父母对着干。这种逆反情绪也让郡峰变得敏感、任性，只按照自己的想法来，不管对错。

　　处于逆反阶段的孩子会遇到很多的困惑和选择，他真的很想有人能帮助自己，能听自己说说话。所以，教育处在逆反期的孩子，不只是教他知识那么简单，更需要关心他的心理，多跟他聊一聊。只要父母掌握正确的教育方式，孩子的逆反心理和行为就会慢慢消失，他也会变得跟以前一样懂事、讲道理。

　　逆反，是每个孩子成长中都会经历的阶段，那么面对逆反的孩子，父母该如何协助他平稳度过这个阶段呢？

　　父母可以从下面这几个方面来着手。

① 冷静处理孩子的逆反

　　当孩子不服管教时，父母应保持冷静，不能激化矛盾，可以借助看动画片、外出玩耍等方式转移孩子注意力，暂时缓解紧张氛围，等孩子情绪稳定后，再耐心解释和沟通。

② 批评孩子要把握分寸

父母在批评孩子前要了解事情经过，避免盲目指责，也要注意批评的场合和方法，避免伤害孩子自尊；同时，要具体指出问题，避免贬低孩子。需要注意的是，表扬和鼓励要强于生硬的批评，所以父母要关注孩子的进步和闪光点，帮助孩子建立自信。

③ 与孩子保持平等关系

父母应避免受传统观念的影响，不以长辈自居，尊重孩子的独立性和自主性，不强制要求孩子唯命是从。当孩子认为自己是正确的或感到待遇不公时，父母不要采取高压政策，而要平等沟通。

④ 营造和谐的家庭氛围

家庭环境对孩子的成长至关重要，父母应避免无休止的争吵，营造积极、和谐的家庭氛围，让孩子从中学习正确的行为和价值观。

教会孩子一键清除情绪垃圾

情绪垃圾就是那些让我们感到不舒服的情绪，比如害怕、失望、不满、嫉妒、焦虑、忧郁、烦躁等，往往源于生活中那些不如意的小事。这些情绪垃圾是隐形的，所以很多人都不太在意它，觉得它没什么大不了的。但是，我们不能让这些情绪垃圾一直憋在心里，否则它们就会越积越多，影响到我们的心情和生活。

从儿童乐园回来后，乐乐突然哭了起来，爸爸不知道怎么回事，赶紧问乐乐怎么了。乐乐哭了好一会儿，才跟爸爸说，在儿童乐园玩的时候，别的小朋友都不跟他玩，还欺负他。

乐乐爸爸一听，心里挺不是滋味的，但想了想，觉得小朋友之间可能有些小矛盾，于是他就耐心地问乐乐今天发生了什么。

原来，乐乐刚开始和小朋友们玩得挺好的，但后来他想改游戏规则，小朋友们不同意，他就生气了，结果别的小朋友也不理他了。

最后，爸爸给乐乐讲了讲和小朋友一起玩要互相包容的道理，还教了他一些怎么和别人交朋友、怎么融入集体的方法。爸爸让乐乐第二天去跟小朋友们道歉，乐乐也真的做到了，又和儿童乐园的小朋友们开心地玩在一起了。

不管是大人还是孩子，每天都会遇到很多不开心的事情。这些负面情绪就像垃圾一样，如果我们不去处理，它们就会一直堆在心里。特别是孩子，他们的情绪很容易受到外界的影响，但他们往往不知道如何表达或处理。

其实，帮助孩子排解这些情绪并没有那么难。爸爸妈妈可以教给孩子一些小技巧，让孩子学会如何清除垃圾情绪，保持良好积极的心态。

①让孩子认识并接受自己的情绪

要想教孩子管理好自己的情绪，首先要让孩子知道自己现在是什么情绪，是不开心、郁闷、暴躁，还是失落，只有感觉到它们，才能和它们好好相处。因此，父母要帮孩子识别情绪，告诉他生气、自信、自豪、孤独都是什么；要和孩子聊聊这些情绪带给人的感觉，让他学会了解、判别自己的情绪，并接受它们。

② 给孩子发泄情绪的机会

当孩子有情绪时，父母要给他足够的耐心和时间，不要批评他，也不要急着给建议，可以让孩子在安全的地方哭一会儿或说说心里的想法，宣泄情绪。每个孩子宣泄情绪的方式都不一样，父母要听听他的真实感受，引导他用正确的方式表达情绪。

③ 引导孩子清除消极情绪

消极情绪来了怎么办？父母可以让孩子通过撕纸、打枕头来宣泄，但要确保不影响别人；可以通过找人聊天、写日记、画画来倾诉，也可以通过数数、深呼吸、听音乐、冥想，让自己冷静下来；还可以通过看看风景、运动等来转移注意力。总之，有很多方法可以帮助孩子处理消极情绪，但父母绝不能压抑孩子的情绪。

第八章

懂得"放养"，
让孩子展翅高飞做自己

把爱填得太满，反而让孩子下意识逃离

　　许多父母都有过这样的经历：用尽全身力气去疼爱和照顾孩子，陪他玩耍，为他精心准备每一餐，辅导他的学习，引导他成长。起初，这些付出都换来了家庭的和谐与温馨。但突然有一天，孩子开始反抗，不再像以前那样听话，甚至下意识地远离父母。这让许多父母感到困惑和伤心，不明白自己付出了这么多，为什么孩子会这样。

　　其实，孩子的成长是一个复杂的过程，他会有自己的想法和情感，也会受到外界的影响。父母把爱填得太满，总想着为孩子事事包办，不仅不会给孩子幸福，反而会给他的成长带来很大的隐患。

　　有一对善良的渔民夫妇，在岛上遇到了一只准备南飞的天鹅。他们非常喜欢天鹅，拿出喂鸡的饲料来喂养它，就像对待自己的孩子一样细心。日子一天天过去，冬天来了，天鹅没有选择南飞，而是在渔民夫妇的家里住了下来。

就这样，渔民夫妇和天鹅一起度过了很多个冬天。可是有一年冬天，渔民夫妇离开了小岛。天鹅也因为被照顾得太好，忘了要如何找吃的、如何生存，就在湖面再次被封冻时饿死了。

孩子并不是一成不变的，随着年龄的增长，孩子的心理需求也在不断变化。小时候，他可能更需要父母的陪伴和照顾；但到了青春期，他可能更渴望独立、被尊重和理解。

但是，很多父母忽视了孩子的成长和变化，总是用一成不变的眼光看待孩子，自然就容易与孩子产生矛盾和冲突，导致孩子逐渐疏远父母。所以，若想避免这种情况出现，父母需要注意以下这三点。

① 时刻关注孩子的成长变化

孩子在不同的时期，想法肯定不一样。很多时候，孩子生气是因为父母没有尊重和理解他们。比如，父母总是不敲门或未经允许就进孩子的房间。所以，父母要时刻关心孩子，留意孩子成长中的变化，不要总是用老眼光看待他们。

② 多给孩子自由空间

父母不要觉得孩子什么都不懂，什么都得你帮忙。孩子需要学会自己解决问题，这样才能长大。孩子就像刺猬，父母若靠得太近就会被扎到，适当保持距离，亲子关系才能更好。

③ 不要把孩子当作自己的"小跟班"

孩子有自己的想法和生活，不是父母的附属品。如果父母总把孩子当作自己的附属品，那父母的爱可能会让孩子觉得喘不过气来。父母要把孩子当作一个独立的人来看待，尊重他的选择和决定。

放养的内在精髓：父母要有边界意识

父母缺乏边界意识，体现在他们过度介入孩子的生活，将孩子视为自己生活的全部重心。他们紧紧抓住孩子，仿佛寄生在孩子的生命中，口口声声说是出于爱和保护，但实际上更多的是想要控制孩子。他们缺乏对孩子的信任，不断地对孩子施加约束，擅自闯入孩子的私人空间，干涉孩子的个人意愿，甚至试图左右孩子的人生方向。

这种做法不仅剥夺了孩子独立成长的机会，也阻碍了孩子形成自我意识和培养自主决策的能力。孩子在这样的环境下长大，可能会感到压抑、无助和困惑，甚至会对父母产生反感和抵触情绪。

一位母亲对儿子的关爱可谓无微不至。她担心儿子在外地生活不方便，就背着锅碗瓢盆跟儿子一起住。每天，她都会早早起床，为儿子准备各种营养餐，生怕他因为工作繁忙而疏忽了饮食。

除了生活上的照顾，这位母亲还非常关心儿子的工作和感情。她经常叮嘱儿子要注意身体，工作不要太辛苦。每当他谈起恋爱，母亲都会对女方的背景、性格等方面进行一番严格的审查。她总是能找到各种理由觉得女方不合适，然后想方设法地劝儿子分手。

儿子虽然感激母亲的关爱，但他渴望拥有自己的生活和感情，可母亲的过度干涉让他深感无奈和困扰。他坦言，自己非常希望母亲能够理解他，给他一些自由和空间，让他能够自主地选择自己的人生伴侣。

在这个案例中，母亲的行为是典型的缺乏边界意识。在人际关系中，无论关系多么亲密，个体之间的独立性和隐私空间都应得到尊重。所以，孩子也有权利拥有自己的内心世界和独立决策的机会，这是个人成长和发展的基石。

如果父母缺乏边界意识，过度干涉孩子的生活和决策，不仅会阻碍孩子的自我发展，还可能导致一系列心理问题。孩子可能会因为失去安全感和信任感而表现出攻击性行为，或变得自闭、悲观。长此以往，孩子就会越来越依赖父母，缺乏独立面对社会的能力。更为严重的是，这种缺乏边界意识的家庭环境可能会"代代相传"。一个从小生活在这种环境中的孩子，长大后很可能也会成为没有边界意识的父母，继续影响下一代人的成长。

身为父母，我们要懂得维持健康的边界感，这并不意味着放任孩子不管，而是要找到合适的平衡点。以下有一些简单直白的方法来帮父母做到这一点。

①学会妥协

有时候，父母和孩子的想法不太一样，父母要试着妥协一下，但这不是说每次都要听孩子的，而是要考虑到他的感受和需求，找到一个双方都能接受的解决方案，这样大家都会开心。

②多和孩子沟通

孩子有自己的想法和计划，父母要积极与他沟通，并耐心倾听，别急着插话或者否定他。这样，父母才能更了解孩子，也更容易尊重他的选择。

③提高自身认知

父母和孩子都要清楚自己的感受和需要。作为父母，要明白自己的担忧和期望，同时也要让孩子知道他的责任和义务。这样才能更好地把握彼此的边界。

过分"听话"，孩子的天性早早被压抑

听话，听起来是个好词，是说孩子很懂事、很成熟，但其实孩子听话并不是因为他真的想听话，而是因为他被父母要求听话。父母过早地让孩子去理解大人的辛苦，去顺从长辈的想法，导致孩子虽然表面上看起来很听话，但实际上心里很委屈、很痛苦，甚至因此产生心理问题。

一天，班主任跟张珊说："你家孩子有些过于安静了，即使是内向的孩子也还是有孩子的天性的。你们平时是怎么教育他的呢？"

张珊回答："我们也没做什么特别的，就是给孩子定了好多规矩，让他知道该做什么，不该做什么。"

班主任听了后叹了口气："你们这样，孩子的天性就被压抑住了。孩子需要尝试，需要犯错，你知道吗？每个人都会犯错，孩子更是这样，只有通过试错，才能知道哪些事可以做，哪些事不能做。这是他学习和成长的过程。"

张珊听了班主任的话，感到非常后悔，自己一直以来的教育方法竟给孩子带来了这么大的影响。她决定以后不再那么严格要求孩子，给孩子多一点自由，让他去尝试，去犯错，去成长。

孩子过于"听话"，其实有很多不好的影响。

① 失去个性

太听话的孩子会变得没有自己的个性，他们总是按照父母或老师说的去做，不发表自己的想法，久而久之，他们的个性就消失了。

② 容易被控制

过于听话的孩子往往缺乏独立思考的能力，遇到事情容易依赖他人，不会自己分析和判断。比如选专业、找工作这些事情，他们只会遵从父母的意愿，缺乏主见。

③ 影响社交能力

如果父母对孩子过度限制，比如不让孩子跟某些孩子玩，或者不让孩子做某些事情，孩子就会失去很多认识新事物的机会，也难以结交到朋友。

有时候，孩子做的事情可能不是我们期望的那样，甚至会走弯路、遇到困难，但是他们需要尝试、体验，哪怕错了。这是孩子成长的一部分。作为父母，我们不应阻碍孩子的成长，而是要成为他坚实的后盾，给他提供支持和保护。

父母可以试着按以下具体方法来做。

◆ 让孩子"不懂事"

我所说的"不懂事"并非鼓励孩子调皮捣蛋或无理取闹，而是希望孩子不要过于压抑自己的真实感受和需求，不要总是把"懂事"作为自己的首要任务。

◆ 撕掉"乖孩子"标签

父母应避免过度强调孩子的"听话"和"懂事"，因为这些标签可能会让孩子感到压抑，不敢表达自己的真实想法。父母要给孩子更多选择的空间，不要总用"懂事"来限制他的行为。

◆ 降低对孩子的要求

尤其是在孩子 6 岁前，父母应允许他按照自己的成长规律发展，不要给他过多的压力和期望。父母要尊重孩子的自我探索，不要成为他健康、正常的成长道路上的阻碍。

◆ 调整自己的心态

父母应避免将自己的梦想和期望强加给孩子，要认识到孩子是一个独立的个体，有自己的兴趣和天赋。父母要允许孩子按照他自己的喜好发展，不要将他视为你的附属品或梦想的延续。

孩子犯错不可怕，要留足更正错误的空间

进化心理学家哈瑟尔顿和列托曾经说过："人类是以不断犯错的方式来适应世界的。不允许孩子试错，意味着我们正在谋杀孩子的生命力。"

在现实生活中，很多父母特别担心孩子会遇到失败和挫折，总是希望孩子一切都顺顺利利。他们会用自己的人生经验告诉孩子该做什么、不该做什么，生怕孩子走错路。其实，这样做反而让孩子失去了很多学习和成长的机会。如果孩子一直都不去尝试、不去犯错，他可能就不再有探索世界的兴趣了，也不会独立解决问题。

孩子在长大的过程中，会对周围那些不知道的东西特别好奇，会用自己的方法去了解它们。不过，因为孩子的能力还不够强，所以在探索的时候总会出错。这都是正常的，父母不用担心。只有让孩子不断地试错，他才能学得更好，成长得更快。

一只小熊很努力地去爬雪山。第一次，雪地太滑了，它没爬上去，还滑回了原地。第二次，它换了个路线，跟着妈妈以前爬过的路走，但还是在快到山顶时滑了下来。熊妈妈在上面看着小熊一次次跌倒，再一次又一次地尝试，直到小熊终于自己爬上了山顶。

如果熊妈妈早点帮它，小熊可能早就爬到山顶了，不用失败那么多次。但是，小熊以后还会遇到更难爬的山，熊妈妈不可能每次都帮它。所以，小熊得学会自己努力，只有不怕失败，才能变得更强大。

为什么要允许孩子犯错？因为孩子需要自己去经历、尝试，这样他才能真正学到东西。正所谓实践出真知，多试几次，孩子就能不断总结经验，在错误里找到对的路，也会在生活中变得越来越勇敢。

当然，允许孩子犯错，并不等于放任不管。那么，当孩子犯错后，父母要怎么做才能帮助孩子在错误中成长呢？下面是给父母提供的几条建议。

① 共同分析错误原因

父母应与孩子一起探讨错误发生的原因，帮助他理解错误发生的本质，而不是仅仅关注错误本身。

② 找出避免再犯的方法

在分析了错误原因后，父母应引导孩子思考如何避免再次犯同样的错误，培养他的反思能力和解决问题的能力。

③ 耐心引导与理解

面对孩子的错误，父母需要保持耐心，理解孩子犯错的原因和成长阶段的心智发展水平，不要急于求成或过度指责。这样能够让孩子更愿接受教导。

④ 让孩子承担责任

对于孩子的错误，父母应引导他认识到自己的错误，并鼓励他承担相应的责任，培养他的责任感。

⑤ 关注孩子的情绪

当孩子犯错时，除了纠正行为，父母还应关注孩子的情绪变化，给予他情感上的支持和理解，使他更有勇气面对并改正错误。

允许孩子自由而有分寸地探索世界

刚出生的宝宝会吸手指；一两岁的孩子开始好奇大人的反应，会故意扔东西来看大人怎么办；三四岁的孩子会好奇植物、动物和家庭成员这些更复杂的事物。所以，孩子天生就喜欢探索，这是孩子的本能需要。孩子在实现目标时，会感到非常开心和满足。但生活中，很多父母为了保护孩子，不让孩子受伤，就阻止孩子去尝试和探索。

父母对孩子的保护过多就成了伤害。孩子失去了尝试的机会，也就没了做事的积极性。殊不知，孩子的胆识和知识都是在生活中不断尝试得来的。如果父母不让孩子探索，孩子就不知道外面的世界是什么样的。长此以往，孩子就会变得越来越胆小，不敢尝试新事物。

所以，父母要懂得放手，让孩子去尝试、去探索。在孩子尝试、探索的过程中，父母需要做到以下几点。

① 让孩子自己选择

孩子想要什么、想干什么，父母可以让他自己选择，哪怕你觉得他的选择有点"傻"。每个人都喜欢自己做主，孩子也一样。

② 让孩子自己思考

想让孩子自由选择，那他就要学会自己思考。因此，家长就要在日常生活中培养孩子的思考能力，不要让他过度依赖父母。这样他才不会变成你的"小跟班"。

③ 让孩子自己尝试

孩子想了，选了，那就让他去试。无论是吃东西还是做事，让他自己体验，这样他会更有感触，也更容易记住。

如果父母担心孩子的安全，那就在孩子开始探索之前，把规矩跟他说清楚。父母定好规矩，确保安全后，就放手让他去试，并且在旁边支持他、保护他，陪他一起探索这个奇妙的世界。

第九章

拥有松弛感的父母高瞻远瞩，着力培养影响孩子一生的好习惯

培养孩子独立生活的能力

你们有没有注意到，孩子在很小的时候，常常会说"我要做"？但大多数父母总认为孩子还小，或孩子只要好好学习就行，从而制止孩子"做"的意愿。其实，孩子想自己做事情的意愿，不仅能让孩子学会独立，还能让他们变得热爱生活，积极向上。

李晨是一位职场妈妈，自从儿子上小学后，她的生活变得更忙了。一大早，她边做早餐边喊儿子起床。儿子慢吞吞地回应，还问他的衣服在哪里。李晨忙着做早餐，告诉他等会儿找。刚找到衣服准备盛饭，儿子又说袜子穿不上，李晨只好又停下来帮他穿袜子。

好不容易吃完早饭，一看时间已经七点四十了，李晨赶紧给儿子洗脸，然后两人急忙下楼。结果，儿子突然说忘了带语文课本。李晨急坏了，让儿子在楼下等，自己跑回家拿课本。

最后，李晨和儿子气喘吁吁地赶到学校。李晨看着儿子跑进学校，心里想：今天上班又要迟到了，真是太忙了！

李晨的这种辛苦，很大程度上是因为她替孩子做了太多的事情。她把孩子照顾得无微不至，结果孩子的自理能力就慢慢消失了。孩子变得只会等妈妈给他穿衣、盛饭、洗脸，这样下去，孩子就养成了不好的习惯——过度依赖父母，不能独立处理问题。

父母作为孩子的第一任教师，引导和培养孩子的独立能力至关重要。独立的孩子会更自信，相信自己能做好事情，不怕面对困难。而且，孩子会自己想办法解决问题，遇到变化也能应对。最重要的是，独立的孩子懂得承担责任，对待生活也会更积极。所以，父母要正确认识培养孩子独立能力的重要性，这样更有益于孩子的成长。

以下是针对不同年龄阶段孩子，培养独立能力的具体建议，供父母参考。

① 婴儿期（0～1岁）

这个时期的孩子主要处于模仿和探索阶段。父母可以通过简单的游戏和日常活动来培养孩子的自理能力。比如，给孩子提供不同大小和形状的玩具，让孩子抓握和摸索，锻炼手部肌肉。同时，父母可以示范简单的日常动作，如拿东西、洗手等，让孩子在模仿中学习和成长。

② 幼儿期（1～3岁）

随着自我意识的增强，孩子开始渴望独立完成一些简单的任务。父母可以给予孩子更多的自主权，让他尝试自己穿衣、吃饭、上厕所等。同时，父母可以设定一些简单的规则，如饭前洗手、饭后漱口等，引导孩子养成良好的生活习惯。

③ 学龄前期（3～6岁）

在这个阶段，孩子的能力得到了进一步的提升，父母可以进一步提高孩子的自理能力。除了教孩子整理自己的物品和安排日常活动，父母还可以引导孩子参与一些简单的家务劳动，如收拾玩具、摆放桌椅等。这不仅能培养孩子的责任感和独立性，还能让孩子体验到劳动的乐趣。

④ 学龄期（6～12岁）

进入学龄期的孩子已经具备了一定的自理能力，父母的任务是进一步巩固和扩展孩子的这些技能。除了让孩子承担更多的家务劳动，父母还可以教孩子管理自己的时间和金钱。同时，父母要关注孩子的情绪变化，帮助孩子学会调节情绪和处理人际关系。

纠正孩子做事拖拉的毛病

你是不是每天都跟孩子说过很多遍"快点，快点"？起床要催、吃饭要催、睡觉还要催。看到孩子这么磨蹭，做父母的真是头疼得不行。有时候，父母急了就会发脾气，但好像也没什么用，孩子还是慢吞吞的。

拖延症不仅是一种行为习惯问题，它还可能引发一系列的心理和情绪问题，如焦虑、自责、负罪感等，对身心健康产生很大的负面影响。

孩子出现拖拉的问题，可能是单一因素导致的，也可能是多个因素共同导致的。父母不妨想一想，以下这些原因，孩子"中招"了吗？

① 认知方面

孩子的时间知觉发展相对较慢，他们不像成人那样对时间有清晰明确的概念，因此做事情时缺乏紧迫感，显得比较"个性化"。

② 情绪方面

父母的教育方式如果过于简单粗暴或者朝令夕改，会让孩子无所适从，进而通过懒散、拖拉的行为来与父母抗争。这种情况下，孩子的自我意识被压制，主观能动性没有得到充分调动，久而久之就形成了磨蹭的习惯。

③ 家庭教养

父母习惯为孩子包办一切，不肯放手让孩子独自完成事情。这种做法无形中剥夺了孩子锻炼的机会，导致孩子对他人形成心理依赖，对自己的事情缺乏自主性，自然也会显得磨蹭。

④ 能力不足

有些孩子的大运动和精细运动发育相对较慢，导致孩子的手指灵活性不够或者力量不足，所以他们在完成一些日常活动时显得吃力，比如系扣子、穿鞋子、刷牙等动作，进而显得磨蹭。

如果上述因素都存在，且父母无法有效解决问题，导致孩子持续拖拉，那么确实需要采取更为深入和系统的措施来应对这一难题。

◆ 培养时间观念

孩子往往时间概念比较模糊，父母可以教孩子看钟表，使用沙漏等工具，让孩子直观感受时间的流逝。同时，在日常生活中，父母可以在时间节点上加入具体的活动，比如"下午一点到一点半是你的午休时间，醒来后刚好可以看动画片"，这样有助于孩子形成对时间的直观印象。

◆ 制订合理计划

父母应根据孩子的实际情况，制订合理的时间表，要求孩子按时完成各项任务。每完成一项任务，可以让孩子打钩记录。同时，父母要避免代替孩子完成任务，让孩子明白拖延只会让事情变得更糟。父母还可以设立奖惩制度，激励孩子逐渐养成按时完成任务的习惯。

◆ 用明确指令代替催促

当孩子拖拉时，父母可以尝试用更清晰的指令来引导孩子，而不是一味地催促。比如，可以说"先去鞋架拿那双红色的凉鞋，然后坐在小凳子上自己穿"，这样分解任务可以帮助孩子明确任务内容，从而使任务更容易完成。

◆ 告知拖延的后果

父母要让孩子明白拖延会带来的后果，比如迟到会错过什么，需要承担什么责任。这样，孩子会更加重视时间的价值，努力避免拖延。

教会孩子做事有始有终

很多孩子在学习或是游戏的过程中，往往初始阶段热情高涨，后面便逐渐失去动力，呈现出虎头蛇尾的现象。这种情形的成因颇为复杂。比如，孩子可能觉得某项活动或学习任务索然无味，难以持续投入；或者孩子可能认为某些任务并非自身职责所在，故而无须全力以赴。此外，孩子的耐心有限，当面对需要长时间坚持的任务时，他可能因无法坚持而逐渐松懈。再者，孩子的自信心不足，对自己完成任务的能力没有信心，可能导致他在遇到困难时轻易放弃。

比如，很多父母常常抱怨孩子不爱阅读。但其实，父母也应该想想自己的问题。孩子不能坚持读下去，可能是因为父母没有好好陪伴，没有给他们坚持下去的决心和信心。所以，我们要想办法帮助孩子养成做事有始有终的好习惯。

父母可以通过下面这些方法来帮助孩子养成做事有始有终的习惯。

① 不随意打断孩子

孩子也很容易被新东西吸引，集中注意力的时间比较短，因此在孩子做事时，父母不要随意打断他。比如，孩子正在玩拼图，父母不要让他做其他的事，以免分散他的注意力。给孩子足够的时间，让他专心完成一件事，有助于培养他的专注力和持久性。

② 陪孩子一起玩游戏

在游戏过程中，父母的陪伴和指导不仅能增强孩子的探索欲望，还能延长他注意力集中的时间。同时，父母在游戏中表现出的专注和耐心，也能为孩子树立一个好榜样。

③ 鼓励与认可孩子的努力

当孩子做事不专心或半途而废时，父母要多鼓励孩子，肯定他的努力和进步，避免过度批评和指责。当孩子做到有始有终时，父母要及时给予表扬和奖励，以增强他的自信心和成就感。

④ 培养孩子的自制力和责任感

父母可以从日常生活中的小事入手，培养孩子的自制力和责任感。比如，让孩子帮忙做诸如喂小动物、扔垃圾等简单的事情，让他明白自己的责任和义务。父母还可以通过逐渐增加任务的难度和要求，让孩子学会控制自己的行为，提高自制力。

学会延迟满足，不如让他拥有自制力

美国斯坦福大学心理学教授沃尔特·米歇尔，做过一个著名的"延迟满足"实验，也叫"糖果实验"。

米歇尔给4岁左右的小朋友们每人一颗好吃的糖果，然后告诉他们，如果现在马上吃掉，就只能吃一颗；但如果坚持20分钟不吃，就可以得到更多的糖果。

结果，有的小朋友马上就把糖吃掉了，有的小朋友就能忍住，他们会闭上眼睛，或者用唱歌来打发时间，等20分钟过去后再吃糖。

通过观察孩子们的行为，米歇尔发现了一个秘诀，那就是"转移注意力"。那些愿意等待的孩子，他们不会一直盯着糖果，而是会捂住眼睛、玩游戏、唱歌，以此来转移注意力。这样，他们对糖果的渴望就暂时被忘记了。

很多父母也听过这个实验，自认为让孩子抵制诱惑就能让孩子学会"延迟满足"，然后就在教育孩子的时候采取了一些措施，最后却搞得父母很困惑。

有父母表示："我用了很多次'延迟满足'的方法，但孩子觉得我在故意为难他，开始不信任我了。"还有父母表示："孩子不但不愿意做他应该做的事，还学会了讨价还价。"还有父母疑惑："如果孩子提的要求不合理，我们当然可以拒绝并告诉他为什么不行，但如果要求是合理的，为什么还要'延迟满足'呢？更麻烦的是，有时候我也不确定孩子的要求到底合不合理，那我的判断对不对又怎么知道呢？"

其实，父母首先要明白"延迟满足"并不是简单地推迟孩子的需要，而是培养孩子在合适的时间和地点做想做的事。"延迟满足"的最终目的是培养孩子的自控力，而不是给孩子制造障碍。接下来就谈谈父母在生活中如何培养孩子的自控力。

① 遵从孩子的成长特点

孩子的大脑还在发育，他有时候就是控制不住自己，所以父母不能要求他像大人一样。父母要根据孩子的年龄和发育情况，慢慢引导他学会控制自己。

② 尊重孩子的天性

每个孩子都有自己的生活节奏和方式，比如有的孩子可能适应新东西比较慢，这其实很正常。父母不能因为着急就对孩子提出太高的要求，否则会让他觉得压力过大，从而轻言放弃。

③ 利用生活中的机会

生活中的很多小事都可以培养孩子的自控力，并不需要特意做什么。比如，跟孩子一起玩游戏，带孩子去一些社交场合，都是锻炼孩子控制自己情绪和行为的好机会。

④ 合理利用游戏

孩子都喜欢玩游戏。有些游戏是能够锻炼他的自控力的。比如，"请你跟我这样做"这种游戏，不仅好玩，还能让孩子学会专注和控制自己。

⑤ 教孩子认识自控力

父母需要让孩子知道什么是自控力，怎么用它来控制自己的情绪和行为。有时候，孩子做事情会自言自语，这其实是他在尝试控制自己，父母应该鼓励他这样做。

培养专注力，孩子认真时别打扰

专注力，简单来说，就是孩子在做某一件事情时，能够一心一意、不分心的能力。一个拥有良好专注力的孩子，能够更好地应对学习压力，减少焦虑情绪，从而更好地融入社会，实现自我价值。

我观察过几个难以集中注意力的孩子，发现这些孩子的父母有个共同点，就是特别爱说话，总盯着孩子的一举一动。比如，孩子玩新玩具时，父母会不停地教他怎么玩，怎么拆，怎么拼。这些父母看上去很负责，也很辛苦，但结果呢？他们的孩子很难静下来，做什么都是三分钟热度，还常常突然尖叫或生气。这是因为孩子很痛苦。他们喜欢单独与事物形成链接关系，想自己玩，但耳边总是充斥着各种声音，指挥、教育、打断他们。这样怎么可能不影响孩子的专注力？孩子突然发脾气或是尖叫，其实都是在告诉父母：请你们不要打搅我。

所以，父母要注意了，不要总是插手孩子的事情，给他一些自由的空间，让他自己去探索和发现。这样，他的专注力才能慢慢培养起来。

以下是提高孩子专注力的一些方法，父母可以根据孩子的实际情况灵活运用。

① 有意识地调动孩子的专注力

（1）面对面交流：近距离面向孩子，眼睛看着他，确保他注意力集中在你身上，再和他说话。

（2）沟通简洁明了：给孩子布置任务时，话语要简明扼要，逻辑清晰。

（3）少量多次布置任务：一次只布置少量任务，完成后再进行下一个任务。

（4）让孩子复述任务：通过复述来检查孩子是否认真听并理解任务。

② 阅读关于专注主题的绘本

（1）选择相关主题的绘本：家长为孩子挑选关于专注力培养主题的绘本，通过阅读帮助孩子理解专注的重要性。

（2）布置阅读任务：在阅读前给孩子布置小任务，如归纳故事的中心思想，以此提高阅读专注度。

③ 激发孩子的兴趣

（1）做喜欢且健康的事：鼓励孩子参与健康、有趣的活动，避免过度依赖电子设备。

（2）增加户外运动：通过跳绳、骑车等户外运动锻炼孩子的专注力。

（3）多探究自然：带孩子接触大自然，观察生物和自然现象，激发他们的好奇心和探索欲。

（4）及时鼓励：肯定孩子的专注表现，鼓励孩子继续努力。

④ 培养良好的学习习惯

（1）简化学习环境：学习区域只放学习用品，避免其他物品分散注意力。

（2）做好准备工作：在开始学习前，让孩子准备好所需物品并完成其他琐事。

（3）纠正不良习惯：帮助孩子纠正学习时分心的小动作，如玩笔、挠痒等。

培养孩子的成本意识

　　美国斯坦福大学教育系教授威廉·戴蒙曾从经济学的角度来解释"孩子为什么会磨蹭"。他认为，这主要是因为孩子从小就没有"成本意识"。所谓成本意识，就是你想做某件事，得付出一些东西，比如时间、精力或者别的什么。有成本意识的人会想清楚做这件事要付出什么，会有什么结果，然后就会努力去完成它。

　　在现实生活中，大多数的孩子不懂什么是成本，也不清楚哪些事情是"划算"的，哪些事情是"不划算"的。比如，孩子可能更喜欢玩，而不是写作业。当他玩得开心的时候，如果父母催他去做作业，他可能会觉得："反正爸妈会帮我搞定，我磨蹭点儿也没关系。"这样，他就更容易一直玩，而忘了那些必须要做的事情。

　　所以，父母要帮助孩子理解什么是成本，当孩子有了成本意识，他的脑袋里就多了一根弦，不用大人操心，自己学会去权衡、判断事情的轻重缓急。一旦孩子尝到了高效率办事带来的甜头，他也就不会分散注意力去关注其他没必要的事情。

具体而言，父母可以从时间成本与物质成本两个方面入手，对孩子进行成本教育。

① 培养时间成本意识

（1）设定明确的目标与计划

鼓励孩子设定短期和长期目标，制订相应的时间计划，引导孩子将任务按照优先级进行排序，确保重要任务得到优先处理。

（2）培养专注力，提高做事效率

父母可以教孩子一些时间管理技巧，如番茄工作法，帮助孩子在学习和完成任务时保持专注，避免分散注意力。

（3）认识时间的价值

通过故事或实例向孩子解释时间的不可逆性和宝贵性。鼓励孩子思考时间投入与回报的关系，理解时间的经济价值。

（4）建立时间记录与反思习惯

让孩子记录每天的时间使用情况，反思时间利用的效率。引导孩子分析时间浪费的原因，并寻找改进的方法。

② 培养物质成本意识

（1）购物决策与比较

教导孩子在购物前进行价格比较，了解不同商品的价值与成本。鼓励孩子参与家庭购物决策，学习在预算内做出最优选择。

（2）资源节约与再利用

教导孩子节约水电、食物等资源，避免浪费。引导孩子学习废物分类和回收，培养环保意识。

（3）储蓄与投资教育

帮助孩子建立储蓄习惯，理解储蓄与消费的关系。引入简单的投资概念，让孩子了解资金增值的原理和方法。

（4）参与家庭预算

让孩子了解家庭预算的构成，参与家庭开支决策。引导孩子分析家庭开支的合理性，培养节约意识。

第十章

不断提升自我的七项基本修炼

赶走焦虑、恐慌的内在喜悦式松弛

最近，伴随"焦虑感"一词出现的还有一个词，那就是"松弛感"。那么，为什么会说松弛感能够在一定程度上缓解我们的焦虑呢？

从行为导向看，我们之所以焦虑，是因为我们太想要得到一个好结果了。想要不焦虑，其实就是要学会享受做事情的过程，一步一步慢慢来。只要你能做到行为上自律，心态上放松，很多事情就会自然而然地变得顺利了。

那么，如何拥有这种松弛感呢？下面为各位父母介绍三个实用的方法。

① 接纳自己

接纳自己，是建立松弛感的基础。我们需要正视自己的优点和不足，并学会欣赏和珍惜自己。每个人都有自己的独特之处，无论是外貌、性格还是能力，都是独一无二的。我们只有真正接纳自己，才能摆脱焦虑和自卑，从内而外散发自信。这种自信能让我们在面对生活中的挑战时，更加从容不迫。

② 享受过程

很多时候，我们过于关注结果，而忽略了过程的重要性。可是，真正的幸福往往蕴藏在过程中，而不是结果里。无论是学习、工作还是休闲活动，只要我们能够享受过程，就能够从中获得快乐和成长。这种享受过程的态度能让我们更加专注于当下，减少焦虑和担忧，从而拥有轻松的心态。

③ 敢于试错

不要害怕犯错或尝试新的事物。每一次的失败都是一次宝贵的学习机会，它让我们更加深刻地认识到自己的不足和需要改进的地方。只有敢于试错，我们才能够突破自己的局限，发现新的可能性和机会。当然，在试错的过程中可能会遇到困难和挫折，但正是这些挑战让我们变得更加坚强和成熟。因此，我们要敢于试错，从中吸取教训并不断改进自己。

放弃完美主义、自我强迫的自我接纳

谈到放弃"完美主义"，有的人可能觉得，追求完美没有什么不好的。这里说的"完美主义"是被过度包装的完美主义。这种修正过的"完美主义"并不是在帮助我们变得更好，而是让我们太在乎别人怎么看、认不认可我们。这样，我们就很难看清自己，甚至可能会让我们变得焦虑、自卑。

研究显示，太追求完美可能会让你离成功更远。因为，完美主义不只是让你浪费一些时间，还会让你变得抑郁、焦虑，甚至强迫上瘾。更严重的是，它还让你害怕别人看到自己不完美的样子，从而逃避生活中的机会，或者因为怕失败、怕犯错、怕辜负别人，就不敢尝试新的事物。

如果你有以下三个特性，你可能也是一个完美主义者。

① 追求完美理念

完美主义者总想着把每件事都做到最好，并且制订了一大堆计划，还非要坚持到底。但问题是，他们总想找到最完美的解决方案，结果一直在纠结细枝末节，如此一来，往往容易陷入持续的矛盾状态，使最初的计划变得复杂且难以执行。

② 对自我要求极高

完美主义者对自己特别挑剔，他们觉得自己在各方面都应是最棒的，很在乎别人怎么看自己，所以他们总是努力表现得最好，生怕被人说不好。但这种"表演"让他们总是紧张兮兮的，感觉很累。

③ 对他人有高要求

完美主义者对身边的人也要求很高。他们觉得每个人都应该追求完美，所以经常对别人说这说那，教别人怎么做。这样一来，别人可能会觉得被管得太严，感觉不舒服。尤其是在家庭教育上，如果孩子考了 98 分，他可能不会表扬孩子的成绩优秀，而会纠结孩子失去的 2 分在哪，并以此为借口，向孩子提出更高的要求。

我们必须认识到，在这个世界上，绝对的完美是不存在的。即使是最出色的人或事，也难免存在不足之处。针对"完美主义"倾向，下面这些方法可以对其进行有效调整。

◆ 避免标签化

不要将自己定义为完美主义者，而应视为以完美主义方式行事的倾向者，要允许自己展现不完美的一面。过于追求完美会导致在其他方面的表现受损。

◆ 认识完美主义的负面影响

完美主义会让你过分关注细节而难以完成任务，不仅会增加压力，还会导致拖延，或工作质量、工作效率下降。

◆ 设定时间限制

为任务设置明确的时间限制，避免无休止地追求完美。设定比预期短的时间，以提高效率并避免其他任务受影响。意识到不完美并不代表懒惰或不关心，而是时间管理的体现。

◆ 运用 INO 技巧

所谓 INO，就是根据任务的重要性和回报率，将其分为投资、中性和优化三类，然后根据这三类做出不同的投入。对于高回报的投资活动，投入更多时间；对于中性活动，付出与回报相当；对于优化活动，避免过度投入时间。通过此技巧，完美主义者能更明智地分配时间和精力，避免在不必要的事务上过度追求完美。

谨防信息过载，你无须了解这么多

我们生活在一个信息爆炸的时代，获取信息的方式变得越来越便捷，从纸质书籍、报纸到直播、微博和短视频，信息复制和传播的成本几乎为零。虽然这些信息可能有助于提升我们的认知水平，但与此同时，也带来了信息过载的问题。信息过载，简单来说就是接收到的信息量太多，超过了我们大脑能够处理的能力范围。

清晨，默默刚醒，手机就"嘀嘀嘀"地响个不停。她一看，原来是一则娱乐新闻。她很好奇，就点开看了看，结果一看就停不下来了。突然，她想起今天是周一，公司有晨会，得赶紧出门。她匆匆忙忙洗漱好，穿上衣服就奔公交站去了，好在到公司的时候没迟到。

刚坐下没多久，手机又响了，这次是银行降息的消息。她心里一动，赶紧打开看了看，还顺便查了查房贷利息，琢磨着要不要提前还款。可还没想出个结果，微信又响了，是她大学同学群里发来的消息，计划周末去郊游，问她去不去。她一听就来了兴趣，开始查附近的景区，看看哪里好玩。

正跟同学们聊得火热，朋友圈又跳出一条动态，是好友订婚的消息。默默一看，心想这需要去祝贺，还得打扮得漂漂亮亮的。于是，她又点开了购物网站，开始挑衣服、化妆品、包包……

等到快下班时，她才想起来手头还有一堆工作没做完，只能加班。这时，她心里变得特别烦躁，觉得这一天过得真是乱糟糟的。

信息过载的危害是多方面的。

第一，它严重影响了我们的工作效率。当我们被大量的信息包围时，很难集中注意力去完成手头的工作。我们不断被新的消息、通知和提醒打断，导致工作进度受阻，甚至可能出现错误。

第二，信息过载还对我们的身心健康造成了威胁。长时间沉浸在信息海洋中，我们的大脑处于高度紧张状态，无法得到充分的休息和放松，这会导致我们感到疲劳、焦虑、压力过大，甚至可能出现失眠、头痛等身体不适症状。

第三，信息过载还削弱了我们的判断力和思考能力。在信息过载的情况下，我们很难对信息进行深入的分析和思考，往往只能停留在表面，这导致我们容易被误导，作出错误的决策和判断。

假如你也被各种信息"狂轰滥炸"，应该马上采取有效的应对策略。以下三个方法，可以帮助我们避免信息过载。

① 建立时间管理概念

定时定量地接收信息是关键。选择精力充沛的时段进行信息接收，比如早上或午休后，同时设置闹钟或制订时间表，避免无节制地浏览信息。

② 筛选信息来源

不是所有信息都值得关注，要学会分辨信息来源是否可靠。官方消息、科研达人的观点往往更可靠，而自媒体内容则需要谨慎筛选。

③ 利用工具屏蔽或转移无关信息

利用科技工具来帮助我们应对信息过载。比如，使用信息过滤软件来屏蔽无关信息，利用时间管理工具来规划工作和休息时间等。

当然，你如果因信息过多而受到影响，可以通过冥想、放松训练等方式来缓解信息过载带来的压力。

敢哭、敢笑、敢怒，勇敢表达情绪

在现代社会中，对情绪稳定的追求和推崇已成为一种普遍标准。家庭教育也往往强调孩子要听话、顺从，而忽视了对孩子情绪表达和认知能力的培养。在这样的背景下，个体逐渐习惯于忽视和压抑自己的情绪，以免与社会期望产生冲突。

奥地利著名心理学家弗洛伊德曾说："未被表达的情绪永远不会消失，它们只是被活埋了，有朝一日会以更丑陋的方式爆发出来。"

李薇上班后，同事或者领导时常会给她一些超出本职范围的工作。她心里特别生气，可是又不敢拒绝，担心得罪人或者影响关系。虽然她没有直接表达出自己的愤怒，但消极抵抗和不满情绪逐渐在工作中显露出来。同事和领导逐渐对她产生了不好的印象，最终被公司开除。

我们常常觉得忍住情绪不爆发，关系就能维持好，其实这样只会让关系变得更差。要想关系好，得学会主动跟别人说说自己心里怎么想。将情绪表达出来，不仅自己心里会舒服点，而且别人也会知道你的底线，不会轻易伤害你。

那到底怎么合理表达自己的情绪呢？

①　先弄清楚自己是什么情绪

你是不是因为有些事没准备好而感到焦虑，或者因为被忽视了而感到委屈，或者因为别人做了你不喜欢的事而感到生气？只有弄清自己的情绪是什么，才能更清楚地表达它。

②　别觉得有情绪就是坏事

有时候，我们会觉得不应该有某种情绪，其实每种情绪的存在都很正常。所以，当你觉得有情绪时，别藏着掖着，试着说出来，或者找个信任的人聊聊，都可以缓解情绪带来的影响。

③　给自己一点时间适应新的表达方式

可以用写日记的方式记录自己的情绪和想法，这样也能帮你更好地理解和表达情绪。一开始可能会觉得有点难，但多练习就会好的。

按下"思维反刍成瘾"暂停键

夜深人静时，你是不是会躺在床上，脑海里像放电影一样，不断回想那些让你觉得尴尬、后悔的事情？比如，"那次的事情真的太丢人了，我怎么会那么笨呢？""我在会上讲得那么差，真是丢人丢到家了。""老板直接否定了我的方案，我当时真不该接这个任务。"就这样，一遍又一遍地想，就像钻进了一个怪圈，怎么都出不来。

其实，这是一种"反刍思维"的现象。反刍思维，其实就是当你遇到一些不好的事情后，反复去想它们为什么会发生、是什么意思，以及会给你带来什么后果。

有人说："我这不就是在反省自己嘛，怎么就成了反刍思维了呢？"你可以试着回想一下，最近有没有什么事儿让你觉得尴尬、失误或者被否定。想完之后，问问自己："回想起这事儿，我是怎么想的？"

如果是"反省"，你会想："这次哪里没做好，下次得注意，怎么才能做得更好？"如果是"反刍思维"，你会一直纠结自己哪里做得不对，特别后悔和自责，只想快点忘了这事儿。

反省，是看整件事情，不只是错的地方，还包括做得好的地方，这样我们才能更好地改进自己，实现目标。反刍思维，不仅会让你在日常生活中疲惫不堪，严重的话，还会对身心健康构成威胁。

① 增加疾病风险

研究显示，反刍思维与多种心理疾病存在密切联系，包括但不限于抑郁症、焦虑症、广泛性焦虑障碍、强迫症、创伤后应激障碍、神经性贪食症等。

② 导致不合理认知

反刍思维不仅加剧了心理痛苦，延长了痛苦的时间，还占用了大量的情感和精神资源，导致认知功能受损，从而形成不合理的认知模式，比如过度概括化、绝对化要求等。

③ 引发社交焦虑

有反刍思维的人往往过度依赖他人，在社交中表现出更强的黏附性和攻击性。这导致他们难以获得积极的社交支持，加剧了人际关系的紧张，进而可能引发社交焦虑，甚至影响履行社会责任的能力。

面对反刍思维，打破其恶性循环至关重要。下面列举的方法可以帮助我们稳定情绪并暂停反刍思维。

◆ 分散注意力

由于人的认知资源有限，当你意识到自己陷入过度思考时，可以通过参与愉快的活动来转移注意力，如观看幽默的脱口秀节目、外出散步、整理家居环境等。

◆ 改变视角

尝试以旁观者的身份看待问题，而非以自我为中心。通过站在"他 / 他们"的角度来思考，可以突破自己的认知限制，会让自己考虑到他人的利益和需要，从而抑制以自我为中心的情绪体验，这样也许一切都将不同。

◆ 远离消极人群

消极思维的人可能对你的心理状态产生负面影响。研究表明，与表现出焦虑和压抑情绪的人频繁接触会增加负面情绪和压力传染的风险。因此，为了避免陷入消极情绪的循环，建议尽量远离这类人群。

简单快速消除自我挫败感的"五步暂停法"

自我挫败感，常常是在你期待的事情没有发生时出现，让你觉得失落、沮丧，甚至开始怀疑自己。其实，自我挫败感与我们的思维方式有关。

导致自我挫败感形成的原因，简单来说，有以下几个。

① 核心关系破裂

失恋、离婚、失去亲人或好友，那种被抛弃的感觉会让我们怀疑自己是不是不值得被爱。如果我们的自信心本来就很弱，这种关系的破裂可能会让我们更受打击。

② 身体原因

回想一下，身体不舒服时，我们是不是常常觉得烦躁、没自信？严重的疾病更是像一场大地震，让人心里乱糟糟的，甚至怀疑自己。

③ 经历受挫

学习和工作是我们展现自己的地方，但如果我们只通过成绩或赚钱多少来评价自己，那大部分人都会觉得自己一无是处，失去了尝试的勇气。

④ 个人信仰崩塌

每个人都有自己的信仰和追求，这些给我们前进的动力。但如果我们突然失去了这些信仰，就像失去了方向一样，会很绝望。

针对这种挫败感，给大家介绍一个方法——五步暂停法，可以帮助你冷静思考并做出明智的决策。以下是这一方法的五个关键步骤。

◆ 感知身体信号

当冲动或强烈的情绪袭来时，我们的身体往往会发出警示信号。此时，我们需要暂停行动，静下心来，细心感受身体的变化，注意是否有心跳加速、呼吸急促、肌肉紧张或其他不适感。

◆ 识别情感源头

在感知到身体信号后，深入挖掘情绪背后的原因，更清晰地认识到自己的情绪需求和潜在的触发点。

◆ 审视冲动动机

思考冲动背后的真正欲望或目标是什么，明确自己的需求和价值观，从而更好地掌控自己的情绪和行为。

◆ 评估潜在后果

在行动之前，要冷静地评估可能带来的短期和长期影响，理性地权衡利弊，避免做出冲动的决策。

◆ 寻找替代方案

思考是否有其他更合适、更理智的方式来满足自己的需求或达到目标，是否有其他途径可以化解冲突或缓解情绪，从而使自己做出更加明智和有益的决策。

"不为别人情绪负责" 的自我关怀

本书第一章的"父母 80% 的焦虑感都传染给了孩子"一节中提到"情绪的传染性",并明确了焦虑情绪本身不会在人群中传播。但是,一个人的情绪波动在人际交往过程中确实可能影响到他人,因为情绪可以通过非语言交流、言语表达、情绪共鸣等方式,感染他人。

有时候,我们看到别人可能不太开心,心里就会思考该如何让他开心起来。然后,我们就会把他的情绪当成自己的责任,好像他的快乐或难过都和自己有关似的。这就是感染的一种表现。

其实,我们得明白一件事:就算我们费尽心思,也可能没办法让别人真正开心起来。为什么呢?因为每个人的心情都是由自己的想法决定的。如果你想改变别人的情绪,那就得问问自己:"他们不开心,到底是因为我,还是他们自己的原因?"我想,你稍微想想就能找到答案了。

美国心理学家加利·斯梅尔曾做过一项富有启示性的实验:

他将一个情绪乐观、开朗的人与一个情绪消沉、沮丧的人置于同一空间，结果令人惊奇：不到半小时，原本乐观的人也开始流露出消极的气息，唉声叹气。通过进一步的研究发现，仅需短短 20 分钟，负面情绪便能如同病毒般悄无声息地蔓延至他人。

因此，我们必须学会保护自己的心理健康，尽量避免被他人的消极情绪所侵蚀。如果你是一个"老好人"，那么你既要管理好自己的情绪，还要去应对别人的情绪。但是，每个人的情绪承受能力都是有限的，如果总是承受太多负面情绪，总有一天会撑不住的。

我们当然应该关心别人，但首先得确保自己的情绪是稳定的。别总把别人的情绪往自己身上揽，要学会放下，这样生活才会轻松点。人和人之间的交往，其实就像能量交换。有些人就像行走的"负能量"，在无形中可能就把负面情绪传给了我们。但是，我们可以选择不接受，因为主动权在我们自己手里。如果我们能避开这些负面情绪，就能更好地保护自己。

学会不为别人的情绪负责，我们得记住以下五点。

① 设定个人界限

明确自己的需求和底线，不要为了迎合他人而牺牲自己的情绪和健康。当面对他人的负面情绪时，要学会表达理解和关心，但也要坚定地表明自己当前无法承受或解决他们的问题。

② 避免过度介入

当他人陷入情绪困境时，我们可能会想要帮助他们，但过度介入并不总是有效。情绪更像是一种信号，我们需要理解并倾听，而不是试图直接解决问题。

③ 提升沟通技巧

在交流中，我们应该积极倾听他人的感受和需求，同时有效地表达自己的界限和感受。当他人试图将情绪倾泻给我们时，要学会委婉地拒绝，并建议他们寻求专业的支持。

④ 正视和管理自己的情绪

我们要正视自己的情绪变化，承认并接受我们受到了他人情绪的影响。然后，积极调整自己的情绪，尽快从他人的影响中恢复过来。

⑤ 明确责任界限

我们要明白，他人的情绪与我们无关，我们不需要为他们负责。放下不必要的责任，我们会发现生活变得更加轻松，也能更好地保护自己，不被他人的情绪所影响。